JN057995

# 自分ブランドで稼ぎなさい

## Amazon中国輸入の教科書 改訂版

根宜正貴 著

セルバ出版

※本書に記載されている内容は、著者が独自に調査した情報に基づいています。中国元の円換算については、1中国元＝17円で計算をしています。状況が変化している場合がありますので、予めご了承ください。

## 改訂版　はじめに

　本書を手に取っていただきありがとうございます。

　前著『自分ブランドで稼ぎなさい Amazon 中国輸入の教科書』はおかげさまで 10 刷となり、最新情報を加筆修正したこの改訂版を出版する機会をいただきました。

　「類似本の中で、一番実践的で頼りになる内容です」

　「本の通りに販売したら、本当に商品が売れました！」

　「『やってみよう！』と思わせてくれた初めての書籍です」

　Amazon には 130 件以上の高評価をいただき、読者からは上記のような喜びの声を数多くいただきました。読者の皆様の新たな収入の柱を構築するお手伝いができたことを嬉しく思います。

　一方で、コロナショック以降、たびたび届くようになったのが、「中国輸入ビジネスはコロナ禍では稼げないのではないですか？」という質問です。まずはこの質問にお答えしておきましょう。

## ●成功したければ、「できる理由」を探そう！

　世界最大規模の EC モールを運営する中国最大の IT 企業であるアリババグループの創業者、ジャック・マー氏は数多くの名言を残しています。その中から私の心に響いた名言を 1 つご紹介します。

" 貧乏マインドの人に、尽くすほど最悪なことはない。

　「無料でプレゼントするよ」というと「これは罠だ」と非難する。

　「少額投資で大丈夫」というと「多く儲からない」と文句を言う。

　「多額の投資が必要」というと「そんな金ない」と拒否する。

　「新しいことに挑戦しよう」と誘うと、「経験がない」と諦める。

　「伝統的な手法だよ」というと、「やり方が古い」と却下する。

　「新しいビジネス」というと「ねずみ講でしょ」と決めつける。

「店を開いてみたら」というと「縛られたくない」と主張する。

「起業したら」というと「素人には無理」と拒絶する。

「じゃあ何ができるの」というと「何も答えられない」。

行動しない自分が正しい、と言い訳を熱弁する暇があるなら、早く行動したほうが成功に近づける。"

このようにジャック・マー氏は、貧乏マインドを持っている人は、行動せずに言い訳ばかりをしてしまうと言います。

「コロナ禍だから、中国輸入ビジネスは稼げないんじゃないか」

このように安易に考えて行動をしないというのも、貧乏マインドが働いてしまっていると言えます。

一方で、成功マインドの人はできる理由を探して即行動します。成功マインドを持っていれば、「コロナ禍だからこそ稼げるのかも」と可能性に目を向けることができます。

「中国輸入ビジネスは、コロナ禍だからこそ稼げますか?」

こう質問できる成功マインドへと切り替えていきましょう。

そのうえで、質問にお答えすると、答えは「イエス」です。

コロナ禍だからこそ、外出できずに自宅で過ごす時間が増えてネットショッピングをする方が増えています。その証拠に、Amazonの業績は過去最高の伸びで成長しています。

既存のAmazonユーザーの利用頻度が増えたことはもちろんですが、これまでネットで買い物をしなかった人たちまでもがAmazonを利用するようになったのです。

ECサイトの利用者が増えているということは——あなたが商品を出品すれば、以前よりも売れやすいということです。


●コロナ禍でも「中国輸入ビジネス」が稼げる理由

とはいえ、読者の中には「本当に、逆風は吹いていないの?」と

気になる方もいるでしょう。

「飛行機が飛んでいないから、輸入ができないのでは？」

「コロナ禍で中国の工場が生産を停止しているのでは？」

「個人による副業だと、Amazon に相手にされないのでは？」

これらの質問に対する答えは、すべて「ノー」です。

コロナ禍においても貨物用の飛行機は変わらずに飛んでいますし、工場の商品を取り扱うアリババの業績は伸び続けています。

私が直接指導するコンサル生の中には、コロナ禍になってから中国輸入をはじめ、会社の給料を超える収入を得ている人も大勢います。171 ページの「実践者の声」をご参照ください。

## ●改訂版でお伝えしていること

第 1 章では、中国輸入ビジネスの特徴をお伝えします。変化の時代にこそ可能性があるとわかり、ワクワクすることでしょう。

第 2 章では、中国輸入ビジネスの全体像をお伝えします。全体像を把握することで「あ、私でも稼げそう」と感じることでしょう。

第 3 章から第 6 章では、実際にどのように実践するのか、初心者でも無理なく始められる方法をわかりやすくお伝えします。

第 7 章では、売上をより一層拡大していくためのノウハウをお伝えしています。長期的な目標が見えることで、中途半端な結果で満足して歩みを止めてしまうことがなくなるでしょう。

最後の第 8 章では、私が最も大切にする成功者の考え方をお伝えします。考え方が変わり、永続的に稼げるようになるでしょう。

それではさっそく次のページをめくり、「できる理由」を探す成功者マインドを持って、永続的に稼ぐ第一歩を踏み出しましょう。

2021 年 10 月

根宜　正貴

# 第4章　まずはこれだけ！
## 　　　誰でもできる自分ブランドのつくり方

# 第5章　輸入代行業者に初めての発注をしよう！

# 第6章　自分ブランド商品をAmazonに出品しよう

# 第1章

# なぜ中国輸入ビジネスは「金のタマゴ」を産むのか

# 1 サラリーマンを続けるだけでは、人生は破滅する

### ●サラリーマンを続けても「お金持ち」にはなれない

「ぜんぜん貯金ができないな……」

サラリーマンになって学んだことは、「雇われている限りお金持ちにはなれない」ということでした。

もちろん仕事を頑張れば評価され、お客様からも感謝されますし、給料は上がります。しかし、1年たっても2年たっても、収入は徐々にしか上がりません。私は「お金持になる」という目標があったので、会社の先輩に給与額を聞き、自分の10年、20年後を想像してみたのです。

すると10年たっても、20年たっても給料はたいして上がっておらず、それどころか支出は増える一方の自分が思い浮かびました。

恋人ができたらデート代がかかります。結婚したら結婚式の費用も必要です。奥さんが専業主婦だとしたら、生活費は2倍必要になります。

そして子どもができたら生活費は3倍となり、さらに小学校、中学校、高校、大学、と教育費はうなぎのぼりに上がっていきます。先輩社員から話を聞けば聞くほど、今の職場では、自分が思い描く幸せな人生が手に入るイメージから遠ざかっていきました。

### ●そこそこの幸せで我慢しても、将来は悲惨なことになる

では「お金持ちになる」という目標を諦めて、支出を抑えて質素な暮らしで我慢すればいいのでしょうか。残念ながら、節約をする

だけでは幸せは手に入りません。もちろん賢い節約はお金を効果的に使う上で大切です。ただし行き過ぎた節約は、将来のために今を犠牲にすることだと私は考えています。例えば節約のために好きなことを我慢して、せっかくの休日にも節約のために家に引きこもるなんて、私には耐えられません。

　節約のために自分の健康を犠牲にするのも問題です。人は40代、50代、60代と、徐々に老いていきます。年を取るほどに健康を維持するためのお金と時間が必要となってくるのです。

　「せっかく生まれてきたのだから最大限、人生を楽しみたい！」

　こう強く思った私はお金持ちになる目標を諦めずに目指し続けました。なにも権力者になって世界を牛耳りたいわけではありません。

　「恋人とデートを楽しみたい」

　「結婚して子どもも欲しい」

　「おいしい食事やお酒を楽しみたい」

　「子どもに十分な教育を与えたい」

　「世界中を旅行して色んな国の文化を味わいたい」

　このように夢を描くのは、人として生まれたのならば当然ではないでしょうか。


## ●定年まで我慢し続ける人生

　サラリーマンのままでは定年後、圧倒的にお金が足りなくなる。この事実に気づいた私は、定年までにいくら貯金すればいいのか調べました。すると、なんと5,000万円も貯金しなければ、楽しく豊かで安心した老後を迎えられないとわかりました。1年で200万円を貯めたとしても、25年かかります。そもそも、1年で200万円を貯めるには、何よりも貯金を優先させなければいけません。

　生活費を切り詰め、人生を楽しまずに定年を迎える……。

それでは何のために生まれてきたのかわかりません。

「まるで、ただ働くために生まれてきた奴隷ではないか！」

今いる人生のレールに乗ったままでは、破滅しかない。

調べれば調べるほど、私は心底「やばい……」と震えました。

### ●サラリーマンとは、同じ場所を走り続ける「ネズミ」である

　ある大富豪は、会社に雇われて働き、毎日の仕事の中で疲弊していくサラリーマンの姿を「ラットレース」と呼びました。ラットとはネズミのことです。

　人は会社に雇われると、まるで同じ場所をグルグルと回り続けるネズミのような不毛な日々を過ごすことになる。働けば働くほど、経営者にはお金が貯まっていくかもしれませんが、従業員にはお金が貯まっていかないというわけです。

　新型コロナウイルスが流行したことにより、業種によっては自宅を拠点として働く在宅ワーク制度の導入が進みました。在宅ワーク制度では、社員の管理は「時間」よりも「成果」に偏りがちです。

　すなわち、どれだけ残業しても成果を出さない限り残業代がつかず、実質的に給料が下がったという事態になりやすいと言えます。

　給料が下がるどころか、正社員をクビになってしまう可能性も大きくなっていくと言えるでしょう。さらにはＡＩの導入により、ほ

ぼすべての業界で人間の仕事は奪われていきます。このように人類がいまだかつて体験をしたことのない変化が激しい現代では、会社員であり続けられる保証はどこにもありません。

　ですが、このような時代の大きな変化が、人生のターニングポイントになることもあります。私の場合は、2011年の東日本大震災がターニングポイントになりました。今回の新型コロナウイルスの世界的な流行もまたしかりです。

　しかし、ラットレースから抜け出すために、副業を始めようとした私に問題が発生しました。時給制の副業では使える時間は少ないため、稼げる金額に限界があります。では、どうしたらいいのか。

　それなら、少ない時間でも稼げる方法を見つければいいのです。

　この発想の転換こそが、本書の「はじめに」の中で書いた「成功マインド」の考え方です。

---

# 2　ビジネスに取り組まなければならない理由

## ●ビル・ゲイツが教えてくれた金のタマゴを産むビジネス

　「もしあなたが途上国に住んでいたとして、1日200円しか使えるお金がなかったらどうするか？」

　世界一のお金持ちであるビル・ゲイツが、こんな問いかけをしました。そんなわずかなお金では、いくら途上国といえども生活するのは大変です。ビル・ゲイツの答えはこうでした。

　「僕だったら、200円を貯めて一羽のニワトリを手に入れる」

　ビル・ゲイツはニワトリにタマゴを産ませてビジネスをするというのです。タマゴを売った利益でまたニワトリを増やし、タマゴを

どんどん産ませていけば、限りなく資産を増やしていくことができる……。

　このように元手が少なくても工夫次第で大きく稼げるビジネスができるチャンスは、あなたにもあります。

### ●安易な脱サラは非常に危険

　20代のとき、「ビジネスをはじめよう！」と私は初めて脱サラしました。そのときに取り組んだビジネスは「ネイルサロン」でした。

　計画時には、ネイルサロンを始めれば毎月、十分な収入が得られるはずでした。しかし実際は、ネイリストのスキルを身につけるための費用が予想以上にかさみ、ビジネスがスタートする前に、貯金が底をついてしまいました。

　「このままでは破産してしまう！」。でも、これまで投資した「お金」と「時間」が、水のあわになってしまうのが嫌で、借金をしながら続けていました。しかし、その借金が200万円に膨らんだとき、私はネイルサロンの夢を諦めました。脱サラした私に残ったのは200万円の借金だけでした。

### ●自分のスキルに頼るビジネスは危険

　ネイルサロンのビジネスに失敗して学んだことは、「自分のスキルに頼るビジネスは危険だ」ということです。もしスキルを磨くことでお金持ちになれるのであれば、ネイルサロンで経験を積むほどにスキルが磨かれ、稼げるようになるはずです。

　ところが私自身、ネイルサロンの業界に入ってわかったことは、スキルの高い個人が独立してもビジネスがうまくいくとは限らないということです。いくら高いスキルを身につけていても、お客様が来てくれなければ稼げないのです。これはネイルサロンに限らず、

すべてのビジネスに共通することです。

　自分の力に自信がある人ほど、「俺ならうまくいく！」と勘違いしてしまうのです。結果的に、私は借金を抱えながらサラリーマンへと逆戻りしました。

　一度脱サラしたにも関わらずサラリーマンに戻った私は、もう二度と独立なんてやめようと思い真面目に働きました。

### ●サラリーマンには戻れたけれど

　安定的な収入のあるサラリーマンに戻り、借金も完済したものの、「サラリーマンでは豊かになれない」と改めて痛感しました。出世をすれば多少は給料が上がりますが、出世をするほどに時間のゆとりはなくなります。

　そこで私は、サラリーマンをしながらでもできる、ローリスクハイリターンなビジネスを探し始めたのです。ローリスクとは、少ない時間とお金で始めることができ、ハイリターンとは、大きく稼げる可能性があるということです。

　アルバイトのように時間をかける割にあまり稼げないのでは意味がありません。かといって「スマホで1日5分、ポチポチするだけで1億円が儲かる！」というような話は、いわゆる「情報弱者」と呼ばれる人々をだまして稼ぐ「ビジネス詐欺」です。

　私が独立に失敗しもう1つ学んだことは、どのビジネスを選ぶかによって稼げるかどうかの8割は決まっているということでした。

　独立に失敗したことで貯金をすべて使い果たしてしまったどころか、借金まで抱えていた私には元手資金はありません。サラリーマンとして日々働き、残業や休日出勤もする毎日ですから、多くの時間は費やせません。そんな私が最終的にたどり着いたのが「中国輸入ビジネス」です。

# 3　中国輸入ビジネスの6大メリット

### ●3か月ですぐに結果が出た

脱サラに再チャレンジするにあたり、検討したビジネスは10を超えます。すでに一度大失敗して借金までした経験があり、もう失敗は絶対にしたくなかったからです。

「当たるとわかっている宝くじを買うくらいのビジネスがいい！」

そう思って探し続けましたが、さすがにない物ねだりだと諦めかけたときに見つけたのが、この中国輸入ビジネスです。

始めて1か月目で売上8万円、2か月目で40万円とトントン拍子に進んだため、「これは金のタマゴを産むニワトリだ！」と確信して本腰を入れました。

その後の売上は、3か月目で180万円、半年後に月商300万円を達成。1年後には安心して私はサラリーマン時代に終止符を打ちました。こうして私はラットレースを抜け出し、年商1億円規模の会社へと成長させることができました。

10年目となる現在ではシングルファーザーとして小学生の娘を1人で育てながら、自由で豊かな人生を謳歌しています。

### ●中国輸入ビジネスほどサラリーマンに適したビジネスはない

中国輸入ビジネスには、他のビジネスと比べてとても優れている6大メリットがあります。順番にご紹介しましょう。

### メリット①／元手となる資金が少なくても輸入できる

日本では1,000円以上で売れる商品が、中国では100円以下

で売っていることも珍しくありません。数十円で仕入れた商品が
1,000円以上で売れる。日本では考えられないことです。日本で販
売されている商品の10分の1の価格で仕入れられてしまうほど、
中国の物価は安く、そして日本の物価は高いということです。

　安い単価の商品が多いため、極端な話、仕入資金が1万円しかな
くとも、稼げるかどうかを試すことができます。

## メリット②／多くの人から感謝される

　「安くて品質がいい商品」を仕入れて販売することで、お客様か
らは「得をした！」「こんなに安い価格でありがとう！」と感謝さ
れます。普通の人が中国の工場がつくっている商品を直接購入した
いと思っても、1つだけ輸入するのは国際送料が高くついてしまい
ますし、自分でしようとは思わないでしょう。

　そもそも普通に生活する中では、大抵のお客様は自分の欲しい商
品が中国の工場から直接購入できることに気づきません。

　さらには、オリジナル商品を製造し販売することでより多くの方
から感謝されます。

## メリット③／スキルやセンスがなくても稼げる

　中国輸入ビジネスでは、「質屋」や「転売」のように、目利きの
スキルは必要ありません。またアパレルバイヤーのように、ファッ
ションセンスも求められません。

　売れる商品か否かのデータを集める「商品リサーチ」さえできれ
ば、誰でも堅実に稼げるのが中国輸入ビジネスです。自分の勘を頼
りに適当な商品を仕入れてしまうと失敗します。

　商品リサーチの結果を信じて商品を仕入れる「素直な心」さえあ
ればいいのです。

## メリット④／集客を Amazon が行ってくれる

ビジネスで最も苦労することの1つが「集客」です。この集客を EC サイトの Amazon.co.jp（以下 Amazon）が行ってくれているため、需要があると判明した商品を Amazon へ出品するだけで自動的に売れていきます。

そのため中国輸入ビジネスの初心者でも、サラリーマンを続けながら平日の隙間時間や休日に取り組むだけで、本業の収入を上まわる収入を得られるようになります。

## メリット⑤／一度売れた商品は何度も売れる

中国輸入ビジネスは、商品を仕入れて一度売れて利益が出れば、その商品を繰り返し仕入れることで、何度も利益を生みだすことができます。

取り扱う商品数が増えれば増えるほど、同じ商品を中国の工場に追加発注するだけで稼げるようになるのです。

つまり中国輸入ビジネスは、商品数を増やせば増やすほど楽に、安定的に稼げるようになるビジネスであると言えます。

## メリット⑥／コロナ禍でも実践しやすい

中国輸入ビジネスは、人と実際に会って作業する必要がまったくありません。そのためコロナ禍においても作業の内容や方法は普段とまったく変わりません。

さらには在宅時間の増加により稼ぎやすい市場も新たに生まれてきています。先が予測できない時代の中で、何が起きてもフットワーク軽く生きていくのに最適なビジネスだと言えるでしょう。

それでは次章より、中国輸入ビジネスについて詳しくお伝えしていきましょう。

# 第2章

## 中国輸入ビジネスほど
## 稼ぎやすいビジネスはない

# 1　中国輸入ビジネスとは

### ●中国輸入ビジネスとは、最強の「物販ビジネス」である

　本章では、中国輸入ビジネスとはどのようなビジネスなのかをわかりやすく解説していきます。このビジネスの特徴を知ることで、稼ぐためのコツが習得でき、実践しやすくなることでしょう。

　まず、中国輸入ビジネスとは「物販ビジネス」の1つです。物販ビジネスとは、物を販売するビジネスのこと。すなわち「商品を仕入れて売る」という紀元前から存在する非常にシンプルで普遍的なビジネスモデルです。未来永劫、存在し続けるビジネスモデルですので、一時のブームとともになくなることはありません。

　「安く仕入れて、高く売る」。すべての物販ビジネスは、このシンプルな言葉で表現できます。

　品質の高い商品をどれだけ安く仕入れられるか、すなわち「高品質」と「低価格」の2つを追求していくことが、物販ビジネスの成功の鍵だと言えます。

### ●中国から仕入れる

　安く商品をつくるにはどうするか。これを日本の企業、そして世界中の企業が追求し続けた結果、製造コストが安い中国に製造工場を移転していきました。これが中国工場の製造レベルの底上げにつながり、結果として中国には世界中の企業の工場だけでなく、中国企業による「独立工場」も大量に誕生しました。

　世界中の企業を相手にありとあらゆる商品を製造し、「うちの商品を仕入れないか？」と卸販売をしているのです。これに目をつけ

たのが、ジャック・マーが立ち上げた中国企業のアリババグループです。

　「アリババドットコム」と呼ばれる、企業と工場とをつなぐEC サイトの登場により、世界中の企業は中国現地に行かずとも、インターネットを使って世界中どこからでも、中国の工場の商品を仕入れられるようになりました。

　その後、アリババチャイナと呼ばれる中国国内の企業向けの卸サイトや、タオバオという中国国内のお客様向けEC サイトが誕生しました。その結果、中国のインターネット販売の８割をアリババが占めるまでとなり、アリババグループの総売上高は 12 兆円（2020年度)を超え、世界一位のEC サイトとして今も成長を続けています。

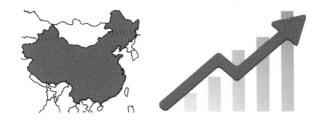

●ノーブランドで仕入れる

　中国に誕生した多くの独立工場は、世界中の企業の下請け工場としてではなく、自社で独自に商品を製造して、世界中の企業に商品を卸しています。でも独立工場は商品にはあえてブランド名をつけません。これがノーブランド商品、あるいはノーブランド品と呼ばれる商品です。

　中国で売られているノーブランド商品は、誰でも自分のブランド名をつけて販売していい、そもそもそのためにつくっている商品だ

というわけです。工場側からしても、世界中の国々にある企業それぞれが自社ブランド商品として販売してくれたほうが、流通量が増えて儲かります。

　数えきれないほどの中国の工場が、自社でつくったノーブランド商品を「アリババチャイナ」などで販売しています。

　つまり、私たちはノーブランド商品を自分ブランド化することで、世界一安く、しかも少ない数から自社ブランド商品を手に入れられるというわけです。

## ●日本で売る

　中国から仕入れた商品を、どこで販売するのか。それは、商品が高く売れる、物価の高い国ほどいいでしょう。つまり、日本です。さらに日本は中国と距離が近いため、国際送料も安く済みます。

　中国の他にインドやアフリカにも工場が増えてきていますが、距離が遠く、国際送料がかさみ、利益が減るため成り立ちません。

　この「中国で仕入れて日本で販売する」というビジネスモデルが有利に展開できるのは、日本に住んでいるからでもあるのです。

# 2　どこから仕入れて、どこで売るのか

## ●アリババチャイナで仕入れる

　ジャック・マー率いるアリババグループによる、世界中の企業と製造工場のマッチングを目的としたサイトが「アリババドットコム」です。外国人向けに、表記はすべて英語となっています。

　しかし、私たちが商品を仕入れる先はアリババドットコムではあ

りません。私たちが商品を仕入れるのは、中国国内に商品を卸売りすることを目的とした「アリババチャイナ」です。

アリババチャイナは中国語で出品でき、海外発送もしなくてよいため工場側にとって都合がよく、出店している工場や商品数が断然多いのです。そのため「アリババチャイナ」のほうが輸入目的で商品を探すのに適しているというわけです。

以降、本書では、「アリババチャイナ」を「アリババ」とシンプルに表記します。

### ●アリババの表記は中国語

ここでクリアすべき問題が2つあります。それはアリババのサイト表記が中国語であることと、商品の配送先が中国国内に限られることです。

しかし、これらは大した問題ではありません。まず中国語についてですが、中国語は漢字なので、翻訳しなくとも意味は何となく想像できます。最近ではホームページを自動翻訳する機能がありますので、苦労することはありません。具体的にアリババでどのように商品を探すのかは、第3章にてお伝えします。

2つ目の国際輸送の問題については、日本への輸送をサポートしてくれる輸入代行業者へ依頼することで解決できます。輸入代行業者についての詳しい説明は、第5章にてお伝えしています。

中国輸入ビジネスは、輸入代行業者を使う。そしてアリババから仕入れる。まずはこの2点が鉄板中の鉄板ルールです。

### ● Amazon で売る

インターネットが普及する前は、脱サラ起業と言えば、お店を出店することでした。人通りの多い場所にテナントを借りてお店を構

え、商品を並べて販売する「店舗ビジネス」は初期費用が 300 万円以上かかるのが通常です。さらに毎月テナント料がかかります。

　しかし新型コロナウイルスの蔓延により、店舗ビジネスはリスクが大きいことは誰もが知ることとなりました。

　一方で、中国輸入ビジネスはテナントを借りる必要はありません。人通りの多い場所にお店を構えなくても、集客力のある EC モールにネットショップを出店すればいいのです。

　日本で集客力のある EC モールは、Amazon か楽天市場の２つです。このうち、初心者が中国のノーブランド商品を自分ブランド商品として販売するのに適しているのが Amazon です。

　月額使用料などで比較しても Amazon は割安ですが、もっとも魅力的なのが商品ページの作成費用です。Amazon の商品ページはシンプルなため、出品者はデザインなどに費用をかける必要がなく、工場が掲載している商品画像を転用して、商品情報を掲載するだけで商品ページをつくることが可能です。

　一方で楽天市場は、商品ページをつくりこむのに、とても手間がかかります。逆に言うと、そこまでつくり込まないと楽天市場で商品を販売することは難しいということです。

　つまり中国の安い商品を大量に仕入れ、大量に商品ページを作成していくのに適しているのは Amazon なのです。

【図表１：Amazon のトップページ（https://www.amazon.co.jp/）】

# 3 仕入れる商品を探す

## ●商品リサーチをする

アリババから仕入れるからといって、アリババに出品されている商品をどれだけ見ても、その商品が日本で売れるかどうかはわかりません。

「この商品は売れそうだ！」と感じたとしても、その明確な根拠がないまま仕入れてしまっては、もはや「利益」となるか「負債」となるかのギャンブルです。ギャンブルのようにビジネスを行うと、稼ぐどころか資金が尽きてビジネスが続けられなくなってしまいます。

そこで重要なのが、商品リサーチをすることです。自分の勘や感覚を頼りに商品を仕入れるのではなく、商品リサーチによって収集したデータに基づいて利益が出る商品を仕入れましょう。

## ●商品リサーチとは

商品リサーチとは、商品の売上金額や利益額の予測を立てるために、仕入対象の商品について事前に調べることを言います。

例えば、仕入対象の商品と同じ商品、もしくは類似商品がAmazonでどの程度売れているのかを調べることで、実際に仕入れて販売した際の「売上金額」や「販売個数」が予測できます。他にも、仕入先であるアリババを調べることで、「仕入金額」や「利益率」も計算できます。

この未来予測によって、利益の見込める商品を、売れる時期に、売れる個数だけ仕入れることができるのです。

　それはまるで、相手がどんな手を出してくるかが予めわかっている「後出しじゃんけん」のようなものです。

　センスや直観に頼らずに、商品リサーチのデータを元に未来を予測するからこそ、堅実に利益を出していけるようになり、また、在庫を抱えすぎることによる赤字のリスクを限りなくゼロに近づけていけるのです。

●在庫数の変動をチェックする

　どんな商品を仕入れたら利益が出るのか、新たな商品リサーチをすることも大切ですが、過去に仕入れて利益が出た商品を、再び仕入れることのほうが重要です。販売実績がある商品なのでより簡単に低リスクで利益を出すことができるからです。

　そこで大切なのが、常に商品の在庫を切らさないようにすることです。在庫が切れると、買おうかどうか迷っている見込客が、いざ買おうとしたときに売り逃がしてしまいます。

　常に在庫を切らさないようにするには、適切な追加発注が大切です。追加発注のための資金はきちんと確保しておきましょう。一度にたくさん仕入れるのではなく、戦略的に資金を使って仕入れていくことが大切です。

　適切な追加発注の方法は、第4章で詳しくお伝えします。

# 4　自分ブランドで売る

● Amazon の勢いはとどまることを知らない

　中国輸入ビジネスに限らず、Amazon で商品を販売しようという

新規参入者は数多くいます。参入者はライバルでもありますが、商品数が増えることにより、Amazon の魅力が増して、更なる集客力が期待できます。

　日本の Amazon の売上高は 2018 年に約 1.5 兆円、2019 年に約 1.7 兆円、2020 年に約 2.2 兆円と新型コロナウイルスの流行前より増加し続けており、コロナ禍においてはさらなる増加傾向にあります。そのため参入者が増えても問題なく稼ぐことができます。

　Amazon には「同じ商品であれば、同じ商品ページで販売する」というルールがあります。お客様からすると、販売者ごとに複数の商品ページをチェックする必要がなく、ほしい商品が決まったらあとは販売者を選べばいいのでとても便利です。

　この「1 商品 1 ページ」という Amazon のつくりが、Amazon が売上高を伸ばし続けている理由の 1 つです。

## ●自分ブランド化で「長期的な利益」が得られる

　中国輸入ビジネスにおいて、長期的に利益を出し続けるための方法の 1 つが、中国から仕入れてきたノーブランド商品に対し、ブランド名を付与することです。

　ブランド名を付与することで、他の商品とは違うオリジナルブランド商品として認識されます。

　これを私は「自分ブランド化」と呼んでいます。自分ブランド化を正しく行うことで、他の出品者を、自分でつくった商品ページから締め出すことが可能になるのです。

## ●ブランド価値を持たせよう

　商品にブランド名を付与することによって、その商品は他の商品と見分けがつくようになります。これを目印効果と言います。そし

てそのブランド名にデザイン性が加わることで、信頼性やファッション性といった価値を持つことになります。

　このようなブランドの価値を理解すると、きちんとデザインされたブランドロゴを制作したり、目に付くところにロゴを掲載したりといった工夫が自然とできるようになります。

　結果として「この商品は品質がよさそうだ」という好印象をお客様に与えることができるようになるのです。


## ●メーカーとしての意識を持つ

　商品にブランド名を付与するということは、自社ブランドを他社に製造委託する「OEM」を行うメーカーになることと同義です。

　自分ブランドを付与せずに、輸入したノーブランド商品をそのまま販売する行為は、いわゆる「転売」です。中国輸入ビジネスを「転売」として取り組むのではなく、自分ブランドを立ち上げ、「ブランドを育てていく」という考え方で行いましょう。

　ブランドを育てるわけですから、品質の高い商品を取り扱うことが重要になります。その意識を持つと、「商品リサーチ」においての判断基準が明確となり、長期的に稼ぎ続けられるようになります。


# 5　どのように送るのか


## ● FBA を利用することで「到着予定日」が明確になる

　EC サイトで買い物をするお客様は、店舗へ足を運ぶ必要がないため、時間に余裕がないときでも買い物ができます。ただ、店舗に直接足を運んだほうが、すぐに商品が手に入ります。

EC サイトの弱点は、配送する必要があるため、商品の到着までに時間がかかることです。この弱点をどれだけ克服できるかで、商品の購入率を上げることができます。

　お客様が最低限、求めているのが到着予定日を購入時に知ることです。いつ届くのかによって配送先の住所を変更し、お届けの時間を指定したい人もいることでしょう。そこでサイト上に到着予定日を表示することが、EC サイトで商品を売る際に、まず対応したい重要項目の１つなのです。

　これをクリアするのに必要なのが、「FBA」を利用することです。FBA とは、「フルフィルメント by Amazon」の略で、Amazon に商品の梱包から配送手続まですべてを丸々委託するサービスのことです。このサービスを利用することで、お客様は購入前に商品の到着予定日を明確に把握できます。

　この FBA を利用するには手数料がかかりますが、間違いなく売れ行きが加速するため、利用しない手はありません。もちろん商品によって、FBA を利用せずに自己発送することも可能です。

　商品の梱包や発送は、商品の過不足や配達遅延などのクレームになりやすいデリケートな工程です。Amazon に委託することで、返品処理やクレームにも対応してもらえますので、「FBA だけ」で始めて、その後必要であれば「自己発送と FBA の併用」にステップアップしていくとよいでしょう。


## ●お急ぎ便に対応する

　Amazon が日本の EC 市場で躍進を続けている理由の１つが、配送スピードが速いことです。「お急ぎ便」を利用すると、地域によっては「当日」や「翌日」に届くほどです。

　この「お急ぎ便」は、Amazon が全国の様々な配送業者と契約を

結ぶことでつくり上げている独自の配送網によって実現しています。

　この「お急ぎ便」に出品者として対応するために必要なのは、FBAを利用することだけです。それだけで、この「お急ぎ便」をフル活用できます。お客様は到着予定日を正確に把握することができるだけでなく、もっと早く受け取りたい場合は「お急ぎ便」に切り替えるというわけです。

### ● Amazonプライムの価値は大きくなり続けている

　お急ぎ便を無料で利用できるプライム会員には、映画やアニメが見放題の「プライム・ビデオ」、音楽が聴き放題の「Prime Music」、電子書籍が読み放題の「Prime Reading」などのサービスが用意されています。

　新型コロナによる在宅需要の増加の影響もあり、プライム会員数は世界で5,000万人増え、2億人を突破したと発表されました。出品者にとって、プライム会員に大きくアピールできるFBAを利用するメリットはさらに大きくなったと言えるでしょう。

【図表２：Amazon Prime】

# 6　仕事を減らしていく

## ●中国輸入ビジネスは、一人だけで完結できる

　通常の店舗型の物販ビジネスでは、商品が売れれば売れるほど忙しくなっていきます。レジ待ちの行列を早く処理するためにレジの数を増やしたり、販売スタッフも増やしたり、場合によっては商品を並べる場所がなくなってしまい、大きなテナントに引っ越す必要も出てくるでしょう。

　一方で、インターネット上で販売する中国輸入ビジネスは、商品点数が増えても、新たに販売スタッフを雇う必要はありません。商品の仕入は輸入代行業者に委託していますし、商品は Amazon が販売しく、配送までしてくれます。

## ●商品リサーチ以外は人に任せていく

　中国輸入ビジネスは、「商品リサーチ」「発注」「自分ブランド化」「販売」の４つの工程があると言えます。そのうち「発注」と「販売」はほとんど手がかかりません。「自分ブランド化」についても、工場に依頼をしたり、輸入代行業者に簡単なタグ付けなどの軽作業を頼んだりすることで、作業量を減らすことが可能です。

　つまり、「商品リサーチ」「発注」「オリジナル化」「販売」の４工程のうち、「発注」「オリジナル化」「販売」の３つについては輸入代行業者や他人に委託できるのです。

　輸入代行業者への委託は中国の安い人件費を利用しているため格安ですし、Amazon への委託は売上アップにつながりますので、使ったほうが稼げるというのが結論です。

### ●商品リサーチは「効率化」を目指す

　4つの工程の中で唯一、他人に外注するのが難しいのが「商品リサーチ」です。

　この商品リサーチこそが、「どれだけ稼げるか」の肝ですから、商品リサーチの方法を他人に教えて任せたとしても、逆に稼げなくなってしまうこともあります。

　そこで重要なのが、商品リサーチは「外注化」ではなく「効率化」を目指すことです。「効率化」をすることで、商品リサーチのレベルがどんどん上昇していきます。

　商品を見るだけで「稼げる」「稼げない」という目利きの判断が、瞬時につくようになっていくでしょう。

### ●ツールを活用すると、商品リサーチはどんどん楽しくなる

　商品リサーチを効率化するのに外せないのが、ツールの活用です。ツールとは人の手で行う単純作業を、プログラムの手により自動化したものです。

　ツールを活用することで、あなたはデータを集める面倒な作業から解放され、集まってきたデータを元に仕入れるべきかどうかを判断する「目利きの作業」に特化することができるようになります。

　この目利きの作業になれてくると、まるで宝探しをしているような感覚になります。これほどワクワクして楽しい仕事はないと感じることでしょう。

　ツールが集めてくるデータに目を通していくことで、「おっ、この商品はたくさん売れそうだ！」というヒットの予感を感じとれるようになります。

　その予感が正しいかを確かめるために、どれくらい利益が出るのかを調べていきましょう。

# 第3章

# 商品リサーチで
# 「金のタマゴ」を産む
# 商品を見つけよう

# 1　商品リサーチとは

### ●仕入れる商品はアリババではなく、Amazon で探せ

　ノーブランド品を中国のアリババから仕入れること、そして日本の Amazon で売ること。それにより「安く仕入れて、高く売る」を実現すると前章でお伝えしました。

　しかしアリババで安く仕入れた商品ならば、何でも高く売れるわけではありません。初心者がやりがちな失敗は、アリババのサイト内をネットサーフィンして見つけた商品を「売れそうだ」と感覚的に仕入れてしまうことです。

　それでは十中八九、売れずに不良在庫を抱えることになります。「これはお得だ」「自分だったら絶対に買う」というような主観での仕入は絶対にやってはいけないのです。

　そこで重要なのが、仕入れる商品をアリババで探すのではなく、Amazon で探すことです。Amazon ですでに売れている商品を見つけ出し、それと同じ商品をアリババで探して仕入れるのです。

### ● 4 つの商品リサーチ

　アリババで仕入れる商品を探すのではなく、Amazon で「実際に売れているかどうか」を調べた上で仕入れる。このように商品に関する情報を集め、その商品を取り扱うかどうかを調べることを「商品リサーチ」と言います。

　商品リサーチには、「売上リサーチ」「工場リサーチ」「利益率リサーチ」「ＮＧリサーチ」の 4 つがあります。1 つずつ見ていきましょう。

## ●売上リサーチで、見込める売上と販売頻度をチェックする

　実際に Amazon で商品が売れているかどうかを調べるのが「売上リサーチ」です。売上リサーチを行うことで、「仕入れたけど売れない」というリスクを限りなくゼロにすることができます。

　初心者ほど 1 つ売れたら利益が大きい「大物」を狙おうとしがちです。しかし、たまにしか売れない単価の大きな商品よりも、頻繁に売れる単価の小さな商品のほうがすぐに利益を得られます。

　売上をチェックすると同時に、どれくらいのペースで売れるのかという販売頻度もチェックしましょう。

## ●商品リサーチはスピードが命

　Amazon にはありとあらゆるカテゴリーの商品が網羅されており、2020 年の商品数は 4 億点を超えたとアマゾンジャパンが発表しました。その膨大な Amazon の取扱商品を効率よくリサーチするわけですから、商品リサーチは自動化が必須です。

　自分の足で歩くより、自動車に乗ったほうが早く目的地につけるように、商品リサーチも手作業で行うよりもツールを使ったほうが断然早く、稼げる商品を見つけ出せます。

　本章では商品リサーチの仕組みを理解していただくために、手作業でのリサーチ方法もお伝えしていますが、早く稼ぎたい方は本章でのちほど紹介するリサーチツールを早い段階からフル活用するとよいでしょう。

## ●商品の質は工場リサーチで決まる

　「工場リサーチ」は、仕入れたい商品を製造している工場を探し出し、比較検討することです。アリババでは、同じようなノーブランド商品をいくつもの工場がつくっています。

　はじめに見つけた工場にすぐに頼むのではなく、他の工場も探して比較検討しましょう。

## ●元手を雪だるま式に増やしてくれる「利益率リサーチ」

　「利益率リサーチ」は、仕入値と販売額からきちんと利益が出るかを調べるリサーチです。利益率を事前に調べることで、自分が仕入に使った金額がいくらに増えるかの見込みが立ちます。

　あなたの元手が 100 万円だとしましょう。もし扱っている商品の利益率が 1％ならば、仕入れた商品がすべて売れても 1 万円の利益にしかなりません。一方で利益率が 30％なら、仕入れた商品がすべて売れると 30 万円の利益になります。

　赤字となる商品を売っていては、あなたの元手は増えるどころか減っていってしまいます。あなたの元手を雪だるま式に増やしていくために、しっかりと利益率リサーチを行いましょう。

## ●トラブルの元となる商品を排除する「ＮＧリサーチ」

　「ＮＧリサーチ」は、仕入れても大丈夫な商品かどうかを調べるリサーチです。「輸入するのに問題はないか」「輸送中に壊れやすい商品ではないか」「日本での販売が規制されていないか」といったチェックを行うことで、販売後のトラブルを防げます。

## ●まず、リサーチ対象を集めよう

　商品リサーチをはじめるにあたっては、「売れている確率が高い商品」をリサーチ対象として集めることから入ります。

　このリサーチ対象の商品集めによって、どんな商品ジャンルを取り扱っていくのか、その商品ジャンルの中でどのような価格帯の商品を取り扱うのか、という商品ラインナップに個性が出てきます。

この個性は何が正解ということはありません。100 人いれば 100
通りの個性があります。自分の商品ラインナップがどのようになる
のかを楽しみにしながら、リサーチ対象の商品を集めましょう。

# 2　リサーチ対象の集め方

## ●商品カテゴリーにこだわらない

　「俺はスマホケースで稼ぐぞ！」というように、まだ利益が出て
いないうちから、自分で取り扱う商品カテゴリーを決めてしまうの
はよくありません。

　なぜなら、どのカテゴリーの商品がどれだけ売れて、どれだけ稼
げるのかはリサーチしなければわからないからです。あなたが思い
もよらない商品カテゴリーに、「金のタマゴ」を産み続けてくれる
商品があるかもしれません。リサーチ対象を集めるときには、商品
カテゴリーにこだわらないようにしましょう。

## ●いわゆる「ブランド品」は除外する

　Amazon の検索窓に「ノーブランド」と入れて検索すると、アリ
ババで仕入れたノーブランド品を、そのままノーブランド品のまま
で販売している商品を見つけることができます。しかしアリババか
ら仕入れられる商品はそれだけではありません。

　他人が売っている商品の中には、アリババにあるノーブランド品
を自分ブランド化した商品が山のようにあります。

　あなたはその中から売れ行きのよい商品を見つけて、あなた自身
のブランド名をつけて別の商品ページで販売すればいいのです。

## ●ランキングでリサーチ対象商品を集める

リサーチ対象商品の集め方で、もっとも古典的な方法が、Amazon が公開しているランキング上位の商品から調べていくことです。

ランキングとして最も目につきやすいのが「売れ筋ランキング」ですが、ほかにも「新着ランキング」「人気度ランキング」「ほしい物ランキング」「人気ギフトランキング」などがあります。

## 【図表3：売れ筋ランキングのページ】

## ●ランキングのトップ100は、ライバルも調べている

ランキング上位の商品をリサーチするというのは、誰もが思いつく方法です。

そのため、上位の商品ほど、同じ商品や類似商品を仕入れて販売するライバルセラーが多くなり、需要と供給のバランスが崩れて「供給過多」となりがちです。

そこで、あえてランキング中位の商品を調べてみるという「ひねり」が必要となってきます。

ランキング中位の商品は上位の商品に比べ、売上が低いのは当然

ですが、利益率で見ると下位のほうが上位よりも大きくなる「逆転現象」が起きることがよくあります。

　ランキング上位の商品ほど供給過多となり相場が崩れ、価格が下落しやすいために、利益率まで調べると中位の商品の中には上位の商品よりも稼ぎやすい商品がたくさんあるのです。

## ●ランキング中位の商品を調べよう

　Amazon のホームページで見ることができるのは、各商品カテゴリー別のランキングそれぞれ 100 位までです。そのため、ランキング中位の商品にリサーチ対象を絞りようがないと思うかもしれません。

　しかし、実は Amazon が販売者のためにランキング 1,000 位までのリストを公開しています。

　Amazon に出品している販売者だけが見ることができる「Amazon 出品大学」の中で配布されています。エクセルでダウンロードできますので、活用してみましょう。

## ●「芋づるリサーチ」でリサーチ対象が簡単に集まる

　実際に商品リサーチを行い、「売れている商品」を 1 つ見つければ、その商品から芋づる式に「リサーチ対象」を増やせます。

　Amazon が商品ページの中で「この商品を買った人はこんな商品も買っています」とおすすめしてくる商品や、その商品の販売者が取り扱っている他の商品をチェックすることで、リサーチ対象を増やしていくことができます。

　リサーチする商品がなくなってしまうことはあり得ません。商品リサーチを進めるほどに調べたい商品は山のように増えていくことでしょう。

# 3　ツールを使わない売上リサーチ

## ●リサーチの最重要項目は「売れているかどうか」

　4つのリサーチの中で、もっとも重要なのが売上リサーチです。売上金額が大きければ、利益率が低めであっても利益額は大きくなります。商品が売れなければ利益は出ようがありません。

　売上が大きい商品が見つかれば、眠たい目をこすってでも「利益率リサーチ」や「ＮＧリサーチ」はやりたくなります。

　まず初心者は、仕入れたい商品を 10 点見つけることを目標にして商品リサーチを進めるとよいでしょう。逆に言えば、仕入れたいと思う商品を 10 点見つけるまでは、どうすればその商品を輸入できるのか、Amazon でどうやって販売するのか、といったことはひとまず後まわしで大丈夫です。

## ●実際の Amazon の売上個数は、在庫数の変動を調べればわかる

　リサーチ対象商品を集めたら、次は売上リサーチです。商品を1つ選び、実際にどれだけ売れているのかを調べます。

　「えっ、そんなことできるの？」と思うかもしれませんが、できてしまうのです。

　それには、その商品の在庫数の変動を見ればいいのです。Amazonの在庫数が1つ減れば、1つ売れたということがわかります。

　商品ページに「残り5点 ご注文はお早めに」という表示を見たことがある方もいるかもしれません。それが在庫数です。

　商品ページによっては、在庫数が表示されていないものもあります。そんなときは、ショッピングカートに商品がいくつまで入るか

試してみましょう。カートに入れることができた個数が、現在のその商品の在庫数です。

　なお、販売者が購入可能数を制限している場合は、商品カートへ制限上限数までしか追加できない場合があります。その場合は次の項目で紹介する「ランキング順位」の変動を見ることで売上金額をある程度推測することが可能です。

　このようにしてリサーチする商品の在庫数を日々チェックすることで、1日に何個売れているのか、1週間でいくら売り上げているのかといったデータを手に入れることができるのです。

### ●在庫数の極端な変化は、販売者による操作を疑え

　在庫数を毎日チェックしていると、30個だった在庫が突然ゼロになったり、そのまた翌日に0個だった在庫が突然30個になったりと、極端な変化をすることがあります。

　このような場合、30個が本当に売れて、その翌日に新たな在庫として30個が追加されたとは考えにくいでしょう。このようなときは、販売者自身が在庫数を調整している可能性が高いと言えます。

　Amazonだけでなく、他のECサイトや実店舗でも平行して商品を販売している販売者は、Amazon上で売れていなくても在庫数を減らすことがあるためです。

### ● FBAかどうかをチェックする

　そこでまずチェックすべきは、その販売者がFBAを利用しているかどうかです。FBAとは、商品の保管から配送まで、すべての作業をAmazonが代行してくれるサービスのことです。

　販売者がFBAを利用している場合は、商品ページの「カートに入れる」ボタンの下にある「出荷元」の欄に、Amazonと記載され

ます。FBAを利用していない場合は、出荷元の欄にここに販売者名
が記載されるのです。図表4をご参照ください。

**【図表4：出荷元と販売元の表示箇所】**

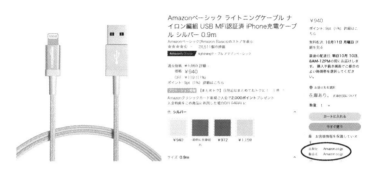

　出荷元の欄に販売者名が記載されている場合、販売者は商品ペー
ジに記載される在庫数を、いつでも自由に変えることができます。
　そのため在庫数が1個減ったとしても、Amazonで売れたのかど
うかがはっきりしないのです。そこで在庫数とともにチェックする
べきが、ランキング順位です。

## ●ランキング順位の変動を元に、売上を算出せよ

　商品が売れると、その商品のランキング順位は必ず上がります。
つまり、商品が売れたかどうかが、ランキング順位の変動をチェッ
クすることで見えてくるのです。
　在庫数が減ったタイミングでランキング順位も上がっていれば、
間違いなく商品が売れたと言えるでしょう。一方で在庫数が減った
にもかかわらず、ランキング順位が下がっているならば、商品は売
れていない可能性が高いです。

FBA を利用していない商品ページであれば、出品者が在庫数を手動で変更したと考えられます。

楽天市場やヤフーショッピングなどの他の EC サイトで商品を併売している出品者向けに、Amazon は「マルチチャネル発送」というオプションサービスを提供しています。他の EC サイトで商品が売れた場合、Amazon が FBA 在庫からその商品を購入者へ発送してくれるサービスです。

発送されたタイミングで FBA の在庫数は減りますが、他の EC サイトで売れた商品なので、Amazon のランキングは上がりません。

FBA を利用している商品の場合、このマルチチャネル発送での在庫減少の可能性も考えて、Amazon の売上を算出していきましょう。

# 4 ツールによる売上リサーチ

## ●ツールを使うことで、リサーチ速度は 100 倍になる

商品の「在庫数」と「ランキング順位」を毎日リサーチすることで、その商品が実際にいくつ売れているかがわかります。

ただ、手作業で 1 商品ずつチェックするのは大変です。慣れてくればスピードは上がりますが、手作業では限界があります。そこでおすすめなのが、リサーチツールを活用することです。

リサーチツールとは、あなたの代わりに Amazon の商品をリサーチしてくれるプログラムソフトのことです。

無料のリサーチツールソフトもありますが、しばらくするとサービスが終了してしまうものがほとんどです。本気でビジネスをするのであれば、有料ソフト一択です。ここでは、私が開発した「あま

ログ」を例に活用法を紹介します。

●あまログは「売上データ」を表示してくれる

あまログは、中国輸入ビジネスを行う人のために特化したリサーチツールです。

無料ソフトのほとんどはランキング順位と価格の変動データが見れればよいほうですが、あまログは在庫数の変動データや、価格から算出した週間売上金額や月間売上金額、セラーごとの販売個数、各バリエーションの販売個数などの詳細なデータも閲覧できます。

【図表５：あまログ（https://amalogs.com）】

●収集した売上データを使って楽々リサーチ

あまログは、ユーザーが何もしなくても自動的にランキング上位の商品を毎日登録し続けてくれます。つまり「売上金額」や「販売個数」などの見つけたい商品の条件を入力するだけで、条件を満たした販売実績のある商品一覧が 100 個でも 1,000 個でも瞬時に手に入ります。手動で売上リサーチをする手間を考えると、まるで「魔法のランプ」で願いが叶うかのごとく簡単に感じてしまうほどです。

商品単価や１か月間に売れた個数など細かい条件で検索することもできますので、「小予算で早く稼ぎたい」といった自分の目的に

合った商品を効率的に見つけることも可能です。

## ●「詳細な売上リサーチ」ができる

　あまログがリサーチ対象にしていない商品があったとしても、自分であまログに商品を登録することでリサーチ対象にすることができます。自分で新たに商品登録する場合は、リサーチを「1日間隔」で行うのが基本ですが、「12時間間隔」や「6時間間隔」のようにデータを取得する頻度を増やすこともできます。リサーチ頻度を増やすことで、1人が1個ずつ買う商品なのか、それとも1人でいくつもまとめて買う商品なのか、売れやすい時間帯の把握、ランキングの詳細な変化、といった詳細なデータも見えてきます。

## ●売れているバリエーションがわかる

　「色」や「サイズ」などのバリエーションがある商品については、あまログを使うことで、どの「色」や「サイズ」が売れているのかを細かく調べることができます。

　それにより売れている商品の中でも、特に売れている色やサイズだけをピンポイントに仕入れることができます。同じTシャツでもS、M、L、LLの4種類のサイズがある場合は、どのサイズがどの程度売れているのか、サイズ別の売上を調べることが重要です。

　リサーチツールを用いるとリサーチのスピードが増すだけでなく、不要な仕入を削減して、売れるバリエーションのみに資金を集中できて、より稼ぎやすくなるというわけです。

## ●ライバルを徹底解剖できる

　「2　リサーチ対象の集め方」(p37) の項目で、売れている商品を見つけたら芋づる式にリサーチ対象を増やすことができるとお伝

えしました。

　1つ売れている商品を見つけたら、その商品の販売者をあまログに登録することで、その販売者が取り扱っている全商品の売上データをまとめて見ることができます。

　小さくて軽い商品ばかり扱っている販売者もいれば、大きくて、重たい商品、高単価の商品ばかりを取り扱っている販売者もいます。

　このようにあまログを使うと、商品リサーチを通じて、リサーチ対象になりうる販売者についての情報も手に入るのです。

●自分が登録していない商品のデータも見れる

　普通の有料ソフトは、自分が登録した商品について、登録した日以降のデータのみ、見ることができます。自分が手を動かす代わりに、機械にやってもらうイメージです。

　しかしあまログは、それだけではありません。過去に誰かが登録した商品についてのデータも、見ることができるのです。つまりあまログは、有料会員みんなでデータを共有しているということ。私が指導しているコンサルティング生は皆このあまログを使って、金のタマゴとなる商品を探し出しています。

●あまログの商品例

　それでは実際の商品を例に、あまログで調べたデータをご紹介します。

　図表6のテントは、Amazonの販売価格は2,100円〜2,300円と販売者によって多少幅があります。

　気候が暖かくなり商品需要が高まる4月に遡ってデータを見ると、過去1か月の販売数は147個でしたので、月間の総売上金額は308,700円〜338,100円と計算できます。このようにAmazon

**【図表6：テント用品の Amazon 販売ページ】**

でしっかり売れている商品を販売者ごとに細かくデータを調べると、1週間に40個前後が売れており、在庫切れによる機会損失があることもわかります。

　まずは Amazon でたくさん売れている商品をリサーチで見つけていきましょう。

# 5　工場リサーチ

## ●アリババで工場リサーチしよう

　Amazon で売れている商品が見つかったら、次はその商品が中国で製造販売されているかを調べます。仕入れたい商品を取り扱う工場をアリババで見つける工程が「工場リサーチ」です。

　アリババの URL は「https://www.1688.com」（図表7）です。検索エンジンで「アリババ」と検索しても出ません。直接 URL を打ち込みましょう。なぜ1688の数字が URL なのかというと、香港取引所に上場した際の証券コードが1688だからだそうです。1688の中国語での発音が「アリババ」に似ている説もあります。

　私たち日本人にとっては1688が特別覚えやすい数字ではないので、ブックマーク登録しておくとよいでしょう。

## 【図表7：アリババチャイナ（https://www.1688.com/）】

## ●不良品は「検品」で対応できる

商品リサーチにより、確実に売れる商品が見つけられるので、中国輸入ビジネスは誰でも稼げるビジネスだと言えます。

ただし油断は禁物です。届いた商品は、不良品でないかどうかを検品しましょう。

なぜならば、期待通りの品質の商品が届かないことがあるからです。このように言うと「中国は不良品ばかりなのか……」と思うかもしれません。たしかに日本人の感覚からすれば、不良品の割合は多いと言えます。しかし、ここ数年で明らかな不良品が届くことはかなり減りました。

安価な商品ほど不良品が入っている確率は高くなりますが、100個入りの風船の中には、2～3個やぶれたものが入っているくらいです。世界中の企業が中国に進出したことにより、工場が良品を製造する技術力を手に入れ、中国の製造工場のレベルが向上していることも要因でしょう。

中国工場の取引先は海外が中心ですから、品質が低い不良品ばかりをつくるような工場は淘汰され、だいぶ品質のよい商品をつくる工場が増えたと実感しています。もちろん不良品ばかりをつくる工場も存在します。

そこで販売実績の少ない工場との取引を避けることが無難です。

設立 10 年以上の「老舗工場」や 3 年以上の「中堅工場」を選べば、届いた商品がすべて不良品だった事態を防げる可能性は高いです。

### ●「劣化コピー」に注意せよ

中国では 1 つのノーブランド商品が売れるとわかると、その商品を元に、別の工場が同一商品の製造を始めます。本来であれば同じ商品ができるはずですが、商品原価を抑えるために、品質を下げて製造されるコピー商品があります。

さらにそのコピー商品を元に、また別の工場が、新たなコピー商品をつくっていきますから、元祖の商品とはまったく別の商品になってしまったり、一見同じ商品でも品質やデザインが劣化していたりする場合があります。

そこで重要なのが、「元祖」の工場から仕入れるということです。

### ●「元祖」の工場が一番いい商品をつくっている

他の工場がつくっている商品をあとから真似をして製造する工場は、元々その商品を製造していた「元祖」の工場よりも安い金額でアリババに出品します。安い金額で出せば、取引実績が多い「元祖」の工場よりも優位に売れる、というわけです。

安く売るためには安く製造しなければいけない。結果的に粗悪で安い素材に変えたり、デザインをシンプルに変えたりして劣化させてしまうのです。

元々はハイネックの T シャツが、首の部分の布面積を節約することでハイネックとは言えない中途半端な商品になっている例もあります。しかし中国の工場は、同一商品を製造しているつもりなので元の工場の商品と同じ商品画像を使います。

このようにコピー元の商品の原型をとどめていないにもかかわら

ず、アリババには「元祖」の工場が使っている商品画像をそのまま転用して掲載することが横行しています。

　そのため、Amazonでリサーチした商品と同じ商品画像ということだけで仕入れてしまうと、劣化したコピー商品を仕入れてしまうリスクがあります。


## ●商品ページの下の方にある商品画像の方が信用できる

　では粗悪な類似商品を間違って仕入れないためにはどうしたらいいのでしょうか。それは、アリババで見つけた商品の商品ページを一番下の方までチェックすることです。

　商品ページの上のほうにある画像は元の工場の商品ページから転用した「使いまわし画像」であることが多いため、本当に画像のとおりの商品が届くとは限らないのです。

　一方で商品ページの下のほうに行けばいくほど、その工場がつくった商品そのものを撮影した画像が掲載されていることが多くなります。商品のズーム画像を数多く載せている工場ほど、信頼ができると言えるでしょう。他の工場に画像を盗用されないように、商品画像の一部に工場名を記載している商品ページもあります。

　つい商品価格の安い工場を選びたくなりますが、それでは原価の安い粗悪な類似品をつくって売ろうとする工場の思うつぼです。

　商品ページは一番下までスクロールし、すべての商品画像をチェックしてください。もし少しでも違う部分があれば、類似品と判断し、他の工場を探しましょう。


## ●取引実績を調べれば、その商品の「元祖」の工場がわかる

　売りたい商品とまったく同じものを仕入れるために、もう1つチェックしたい項目が「取引実績」です。商品ページの中に書かれ

ている「成交」の数が中国語で「取引実績」を意味し、過去に何社がその商品をその工場から仕入れたかがわかります。取引実績が最も多い工場が「元祖」と見て間違いないでしょう。

# 6　工場リサーチ実践編

## ●アリババで商品を 10 秒で見つける方法

　アリババは中国のサイトですから、キーワード検索は中国語で行う必要があります。Google 翻訳などのインターネット翻訳を使えば難しいことはありませんが、日本語に比べると面倒です。

　そこで私は「画像検索」を用いています。Amazon からダウンロードした商品画像を使って検索することで、中国語を一切入力することなく、お目当ての商品を見つけることができます。

　画像検索を行うにあたっては、アリババの会員登録が必要です。日本の携帯電話番号があれば登録できます。

　アリババのトップページで画像検索を行おうとすると、会員登録をするように誘導されますので、自然と登録を行った方もいると思います。わからない項目は翻訳しながら進めれば問題ありません。

　翻訳が面倒に感じた方は、画像付きのアリババ登録マニュアルをそちらでプレゼントしています。巻末の QR コードから公式 LINE アカウントにご登録ください。

　ここでは、アリババでの画像検索を使った工場リサーチの方法をお伝えします。

### ステップ①／調べたい商品の商品画像を保存する

　Amazon の商品ページの 1 枚目の商品画像をパソコンに保存しま

す。仕入値を調べたい商品は1つのフォルダにまとめると便利です。

## ステップ②／アリババを表示し、ログインする

　アリババのトップページが表示されたら、右側に表示されている「一键登录」をクリックして、IDとパスワードを入力してログインします。正しくログインされていれば、左上に登録したIDが表示されているはずです。

　住所の入力を求めるページが出てくるかもしれませんが、左上のロゴをクリックすればトップページに戻ることができます。

## ステップ③／画像の選択画面を表示させる

　キーワード検索窓の右端にあるカメラマークをクリックすると、画像の選択画面が表示されます。カメラマークが見えないときは、キーワード検索窓を一度クリックすると出てきます。

　もし表示されていないとしたら、前項目でお伝えした「URL」をチェックしてみてください。海外向けのアリババドットコムが表示されている可能性があります。

## 【図表8：カメラマークの位置】

## ステップ④／商品画像を使った「画像検索」を実行する

パソコンの中に保存した「商品画像」を選択し「開く」ボタンをクリックします。すると、検索に使った画像が表示された下に「結果中捜索」という文字と検索ボックス、その下には「商品分類」という文字と共に、カテゴリー名がずらりと並びます。

さらにその下には、たくさんの画像と共に検索結果の商品がずらりと並びます。もしそこに関係ない商品ばかりが出てきてしまったら、カテゴリー名を1つずつクリックしていくと、似た商品が出てくるカテゴリーが見つかるはずです。

商品を1つずつクリックして、同じ商品がないかを探していきましょう。

### ☆画像検索がうまくいかない場合

画像検索でうまく商品が見つからないときは、「キーワード検索」を行います。画像検索結果をキーワードで絞り込むこともできますし、キーワードだけで検索することもできます。

検索する言葉は、日本語で商品を探すつもりで考えましょう。そのキーワードを Google 翻訳など翻訳サイトで中国語に変換し、検索窓に入れて検索します。

### ステップ5／取引回数が一番多い商品ページを見つける

商品一覧の上には、図表9のように商品の表示順を様々な項目で並び替えるためのバーがあります。その中にある「成交額」をクリックすると、過去の取引金額が多い商品順に表示を並び替えることができます。

上のほうに表示された商品ページをチェックして、取引回数が一番多い商品を見つけましょう。

## 【図表9：アリババ商品一覧ページ】

## ステップ⑥／見つけた商品のキーワードで検索する

　比較検討する工場が少ない場合は、すでに見つけた工場の商品
ページの商品名を用いてキーワード検索をしましょう。

　商品名を用いてキーワード検索することで、類似商品を効率よく
調べることができます。


## ステップ⑦／商品ページをチェックする

　取引金額の多い順に、商品ページをチェックしていきましょう。

　商品画像の隣には、ロットごとの商品単価が記載されています。
まずチェックすべきは、取引件数です。

　図表10の丸で囲んだ箇所に「30天内600+」と表示されている
のが、30日以内の取引件数です。同じ行には、購入者から評価が
5点満点で掲載されています。

　ページを少しスクロールすると、商品サイズや重量などの「詳細
信息」（詳細情報）の欄が出てきます。Amazonで見つけた商品の
情報と一致するかを確認しましょう。

　「詳細信息」の隣にある「評价」（評価）のタブをクリックすると、
商品レビューの投稿が見れます。それぞれのレビューには、何点を
購入した人による投稿かも記載されています。

**【図表10：アリババ商品ページ】**

## ステップ⑧／工場の設立年数をチェックする

　商品の取引実績で取引する工場を選ぶのが基本ですが、念のため工場の設立年数をチェックしましょう。３年以下の新しい工場は避けたほうが無難です。どうしても取引したい場合は、工場ページを細かくチェックしておきましょう。商品ページ上部にある「首页」をクリックすると、工場全体の取引件数や、アリババからの店舗評価などが記載されています。

　取引する工場が決まれば、商品の仕入原価が決まります。次の利益率リサーチに進みましょう。

---

# 7　利益率リサーチ

---

## ●粗利益率が30％以上あるか

　商品を仕入れると、どの程度稼げるのか。その指標となるのが販売価格に占める利益の割合である「利益率」です。大まかに計算した利益率のことを粗利益率と言います。

　どんなに売れている商品でも、「粗利益率」が30％を切るものは

避けておいたほうが無難です。なぜならば日本での販売価格は下がることはあれ、上がることは稀だからです。粗利益率が30％以上あれば、日本での相場が多少下がっても利益を確保できます。

　初めから粗利益率が30％未満の商品の場合は、多少の価格相場の下落で赤字になってしまうリスクがあるためです。例えば「粗利益」が20％の商品は、仕入れれば多少の利益は出るかもしれませんが、薄利ですし、将来的に利益が出続ける可能性が低くなるため、初めから仕入れないほうがよいのです。

### ●粗利益率を調べる

　3,000円で販売している商品の原価が1,500円の場合、利益率は50％となります。このときの「原価」には次の6つが含まれます。（1）中国の工場から中国の輸入代行業者までの送料、（2）中国から日本への国際送料、（3）代行業者に支払う輸入代行手数料、（4）関税、（5）Amazonに商品を送る際の送料、（6）Amazon FBA手数料（出品手数料と出荷手数料）。

　これらを1項目ずつ計算するのは大変です。そこでおよその原価を計算する方法があります。それが次項で紹介する為替レートを高めに設定して計算することです。

### ●およその原価は「1元＝33円」で計算する

　中国内の送料、国際送料、輸入代行手数料の3つは、1つひとつの商品の「大きさ」「重さ」「仕入価格」によって変動します。また、商品の種類によって関税の率も変わります。しかし多くの商品を取り扱うと、平均的な原価がわかってきます。この平均的な原価は「1元＝33円」での計算によって簡易的に計算できます。

　例えばAmazonで2,480円のある商品が、アリババでは26元で

販売されています。中国元と日本円の為替レートが1元＝17円だとすると、26 × 17 ＝ 442ですので、その商品は442円で仕入れられるということです。

　しかし、この442円には送料や代行手数料、関税が含まれていません。そこで1元33円として計算することで、送料や代行手数料、関税も含んだおおよその原価の目安がわかります。

　1元＝33円として計算すると、26 × 33 ＝ 858ですので、この商品のおおよそ商品原価は858円だということが1回で計算できるというわけです。

### ● FBA料金シミュレーターで粗利益率の計算ができる

　AmazonのFBA料金シミュレーターを用いると、FBA手数料とともに粗利益率も計算することができます。「商品代金」の欄に商品価格、「商品原価」の欄に1元＝33円で計算した原価を入力します。すると出品手数料、出荷手数料、粗利益率などが自動的に計算され、表示されます。

　粗利益率が30％を超えていれば、利益率リサーチクリアです。次の段階の「NGリサーチ」へと進みましょう。

### ●換算に使うレートは微調整する

　1元＝33円での計算方法をお伝えしましたが、これはあくまで目安です。必ずしも実際のコストと同じになるわけではありません。為替レートや国際情勢の影響で常に変化する可能性があることを覚えておきましょう。

　利用する輸入代行業者によっても送料や手数料が異なりますので、まずは1元＝33円で概算し、発注する段階では、細かく利益率を計算しましょう。

# 8　NGリサーチ

## ①送料が高すぎないか

　椅子や机などのオフィス家具は大きくて重たいため、中国から日本への国際送料や、Amazon での保管料などがかかりすぎてしまいます。そのため、空輸より割安な船便を利用したり、コンテナ単位でまとめて輸入したりといった工夫をしないと利益が出にくい商品です。裏返して言えば、小さくて軽い商品は送料が安く済み、保管場所にも困らないので、利益を出しやすい商品です。

## ②壊れやすい素材でできていないか

　中国では商品の輸送がかなり手荒く扱われるため、壊れやすい商品は簡単に粉々になってしまう場合があります。ガラス商品や繊細なつくりの壊れやすい商品などは、壊れてあたりまえだと思って仕入は避けたほうが無難です。

## ③航空機便で輸入できるか

　液体が使われている商品は、航空機による輸送ができません。例えばリチウムイオン電池には液体が使われているため、航空機による輸送ができません。スマートフォンなど、リチウムイオン電池が付属している商品も同様です。見落としがちな商品としては三脚です。水平をチェックする雲台に液体が使われているためです。

　船便を使えば輸入できますが、大量の商品をまとめて仕入れない限りメリットが少ないです。輸送に時間がかかる分、売上が立つまでの時間もかかります。初心者は手を出さないほうがいいでしょう。

## ④ Amazon の商品レビューの評価が悪くないか

　購入者が実際に商品を使用して書いた「商品レビュー」は、その商品の将来を占ううえで大切な情報が隠れています。不評ばかりがレビューに書かれている場合は、今売れていたとしても近い将来に売れなくなることが見込まれます。クレームになる恐れが高い商品や、不良品の割合が多そうな商品でないかを Amazon の商品レビューの記述を元にチェックしましょう。

## ⑤偽レビューに注意する

　Amazon の商品レビューの評価がよかったとしても、そのレビューが偽物である可能性があります。いわゆる「さくら」です。レビューコメントを読むことで、日本語としておかしな文章だったり、短い定型文しかなかったりと、偽物かもしれないコメントを見つけたら、それは業者による偽レビューかもしれません。

　購入者がレビュー内で注意喚起をしていることもありますので、商品レビューをよく見て、偽レビューの商品を利益が出る商品だと勘違いしないようにしましょう。

## ⑥法律で規制されていないか

　法律で規制されている商品は、法律をクリアしていることを輸入者が証明しなければいけません。検査費などがかかるため、利益を出すのが非常に難しくなってしまいます。見つかれば法律違反として処罰されます。「法律を知らなかった」では済まされません。

　中国の工場から商品についての情報を取り寄せることでクリアできる場合もありますが、基本的にできないと考えたほうがよいでしょう。初心者は規制商品に手を出さないのが基本です。

　次項より法律で規制されている商品を7つ紹介します。一度目を

通すことで、どんな商品に注意すべきかを把握しておきましょう。

## 規制商品１：食品が触れる「食器・調理器具」

　フライパンやフードミキサーなどの調理器具は、食品が触れるため「食品衛生法」で規制されています。

　届け出をして輸入の許可を取り、検査をすれば販売が可能となりますが、検査費用が数十万円以上かかる場合もあります。初心者は輸入対象外だと考えたほうがよいでしょう。

　お皿やお椀などの食器をはじめとして、スプーンやフォーク、包丁やまな板などの食品が直接触れるものも同様に規制されています。中国輸入の対象外としましょう。

## 規制商品２：食品・化粧品・薬

　食べ物や飲み物はもちろん、化粧品や医薬品などの口に入れたり、肌につけたりするものは食品衛生法や薬機法で輸入や販売が規制されています。調理器具同様、初心者は除外して考えましょう。

## 規制商品３：著作権法違反の商品

　あたりまえの話ですが、ルイ・ヴィトンやグッチなどの有名ブランドの偽物商品を仕入れて売るのは犯罪です。商標権の侵害や詐欺で罪に問われる可能性があるばかりか、Amazon からアカウントが停止され永久にビジネスができなくなる可能性があります。

　「それくらいは知ってるよ」と思うかもしれませんが、自分が知らないブランドの偽物をうっかり仕入れていた、ということがあります。販売者として、知らなかったでは済まされません。商品自体にブランド名と思われる記載がある商品には、手を出さないのが無難です。

アニメや映画のキャラクターを用いたデザインの商品も、ほぼ間違いなく許可を取っていない著作権法違反の商品です。部屋の壁に貼るウォールステッカーやＴシャツなど、デザインを売りにした商品はブランド名が含まれていないかを確認しましょう。

### 規制商品４：コンセントがついた電化製品

　コンセントがついた商品については、輸入販売者が電気用品安全法により定められた検査を行った上で、商品に PSE マークをつける義務があります。たとえ中国から輸入した商品に「PSE マーク」がついていたとしても、それは輸入者が安全を確認したことにはなりません。第三者機関に検査を委託しないかぎり、コンセントがついている商品はすべてＮＧであると覚えておきましょう。

　ただしバッテリーや USB によって充電する機器は PSE マークが不要です。初心者はコンセントがない商品を取り扱いましょう。

**【図表 11：PSE マーク】**

### 規制商品５：電波を発する商品

　電話機やトランシーバーなど、電波を発する商品は電波法で規制されており、「技適マーク」のついた商品以外の販売は禁止されています。Bluetooth を利用したワイヤレスヘッドホンも規制対象です。図表 12 の技適マークがついていなければ日本で販売できません。

## 【図表 12：技適マーク】

## 規制商品 6：幼児向けおもちゃ

　おもちゃのうち、乳幼児が使う可能性のあるものは「口に含む可能性がある」として食品衛生法の規制を受けます。積み木や風船、シャボン玉のストローやハーモニカなどが規制対象です。

　ただし対象年齢が 6 歳以上のおもちゃは規制対象外です。対象年齢が 5 歳未満であっても、三輪車やジャングルジムなど幼児の体よりも大きいおもちゃも、規制は受けません。

## 規制商品 7：キャラクター玩具

　フィギュアをはじめとするキャラクター玩具は、著作権法違反となるので対象外です。中国はコピー大国と呼ばれるほどに偽物商品が多く出回っています。最悪の場合、Amazon アカウントの停止や逮捕の可能性もありますので、仕入れるのはやめましょう。

# 第4章

## まずはこれだけ！誰でもできる自分ブランドのつくり方

# 1　自分ブランド商品のメリット

### ●ノーブランドのまま販売して稼げる時代は終わりました

　中国から輸入したノーブランド商品をそのまま Amazon に出品する人もいます。しかしノーブランド商品をそのまま右から左へ売るのは「転売行為」です。

　自分ブランド商品として、高品質な商品を提供するからこそ、あなたはお客様から感謝され、かつ永続的に稼げるようになります。

### ●自分だけの商品ページを手に入れよう

　中国から輸入した「ノーブランド商品」にブランド名を付与し、「自分ブランド商品」にすることで、他の出品者が取り扱う類似商品とは区別されます。自分だけが商品ページを管理でき、そして販売できる、ネット上の資産ともいえる商品ページを作成することができるようになります。

　もし自分と同じように、自分ブランドを付与して販売しているライバル出品者が既にいたとしても心配いりません。あなたが自分ブランドを付与すれば、他のライバルが出品するブランド商品とも異なる商品として、新たに商品ページをつくることが可能です。

### ●自分ブランド商品は、お客様が育ててくれる

　同じ見た目の商品であっても、製造工場によって品質は様々です。高品質な商品もあれば、低品質な粗悪品もあります。

　検品した良質な商品にあなたが自分ブランドを付与することで、お客様から評価の高いカスタマーレビューを集めていくことができ

ます。カスタマーレビューとは、商品に対する意見や感想を同じ商品ページ上で公開できる場です。書き込まれたレビューは、商品に対する５段階評価とともに公開されます。

　高い評価を得れば得るほど、その商品は売れやすくなる、つまり「育っていく」というわけです。

　満足度の高い商品レビューをたくさん集めることで、他の見込客が安心して購入しやすくなりますので、更に売上が伸びます。

　ノーブランド商品のまま販売すると、他の出品者が相乗り出品できてしまうため、粗悪品の出品を防げません。そのため悪い商品レビューが入ってしまい、商品ページを育てていくことができないのです。

　高い評価を集める自分ブランド商品を取り扱うことで、続けるほど稼げるビジネスモデルだと言えます。


**●自分ブランド化がお客様のためでもある理由**

　中国では１つの工場が取り扱う商品を、他の工場が劣化コピーして原価を安くして製造することがあるため、見た目が同じでも素材や品質やサイズが微妙に異なる商品が無数に生まれてしまっているのが現状です。

　お客様からすると、商品ページに掲載されている商品写真や商品レビューを信じて買うにもかかわらず、品質も製造工場もわからない他のセラーが販売する商品が届く危険性があるわけです。

　自分でブランド名をつけて責任を持って品質管理を徹底することで、その危険性はなくなります。同じ工場から仕入れて、商品に自社のブランド名をつけてから Amazon で販売することで、商品ページに記載している商品と同じものを確実にお客様へ届けることが可能となります。

このように「自分ブランド化」は、他の工場でつくられた劣化コピー品の侵入を許さないことでもあるのです。

## ●ブランドがあることで「信頼感」が増す

購入者に満足してもらい「次に買い物をするときもまたこのブランドを選ぼう」と思ってもらうのがブランドをつける本質的な目的です。

「次回からこのブランドを購入するのはやめておこう」と思われてしまうような粗悪品にブランド名をつける意味はありません。

つまりブランド名をつけることは「私たちは粗悪品を扱わずにいい商品を販売していますよ」というメッセージをお客様に伝えることでもあるのです。

自分ブランドをつくることで「自分が責任を持って販売している」という意識にもつながります。自分ブランドで信頼感をつくり、お客様にいい商品をたくさん届けていきましょう。

## ●商品にロゴをつけるとリピート購入につながる

1年や2年で買い替えるような消耗品の場合、お客様は商品に満足するとリピーターとなり、また同じ商品を購入してくれます。このとき、商品にブランドがついていれば、一定の割合で同じブランドの商品を購入します。なぜならば、似ている外見だけで選んでしまうと粗悪品が届くリスクがあるからです。

つまり、自分ブランドをつけることでリピート購入にもつながりやすくなるというわけです。特に、商品本体にブランド名やロゴを印字しておくと、商品を使うたびにロゴが目に入ります。

ブランド名を付けることで、お客様はブランド名で商品を検索しやすくなります。印字するスペースに余裕があれば、ロゴを付ける

ことで意匠として無意識でも記憶に刷り込まれていきます。

　自分ブランドをつける方法には、紙のタグをPP紐でつける、という方法が最も簡単ですが、使用前に切り取られて捨てられてしまいます。相乗り出品を防ぐ意味では効果がありますが、理想は商品そのものへのブランド名やロゴの印字だと覚えておきましょう。

## 2　自分ブランド化は「ネーミング」からはじまる

### ●自分ブランド商品をつくる3つの方法

　自分ブランド商品をつくる方法は大きく分けて3つあります。

　1つ目は、仕入れた商品本体とパッケージにブランド名を付与して販売するだけのシンプルな方法です。初心者は、まずはこのシンプルな方法からはじめるのがよいでしょう。

　2つ目と3つ目の方法は、稼げるようになってからでも遅くありません。中・上級者向けとして第7章でお伝えします。

### ●「ブランド名」と「ロゴ」があれば、自分ブランド化ができる

　自分ブランドをつくる上で重要なのが「ブランド名」と「ロゴ」です。ロゴとはブランドを表すイメージ図で、ブランド名を元にデザインしたものです。

　ただし、必ずしもブランド名として読める必要はありません。この「ブランド名」と「ロゴ」の2つさえあれば、商品に印字したり、ロゴを印刷した紙タグをつけたりといった方法で、簡単に自分ブランド化をすることができます。

## ●「ブランド名」の文字数は少ないほうがいい

　ブランド名は、英字 4 〜 6 文字を基本としてネーミングすることをオススメします。かっこよさを求めて長い名前を付けたいかもしれません。ですが Amazon において、かっこよさは二の次、三の次です。

　なぜならブランド名は商品タイトルの冒頭に記載するからです。商品タイトルの文字数はブランド名を含めて 50 文字と Amazon のルールで決まっています。

　商品タイトルには商品の魅力をお伝えするキーワードをたくさん掲載することで、お客様の目を引くことが重要です。ブランド名を短くするほど、その分商品タイトルに記載できる文字数が増えます。

## ●他の人が使っていないか、Amazon と商標登録をダブルチェック

　ブランド名は短いものほど、すでに使われている可能性が高くなります。そのため、ブランド名を考える際にはそのブランド名が他社にすでに使われていないかを同時進行でチェックしましょう。

　まずチェックすべきは、Amazon です。Amazon の検索ボックスに考えたブランド名を入れて検索するだけで、使われているかどうかがわかります。

　使われていない場合は、商標登録がされていないかを確認します。独立行政法人工業所有権情報・研修館が提供する「J-PlatPat」というサイトの中で、商標登録の有無を確認することができます。「商標検索」とインターネット検索すると上位に表示されますので、容易に見つけることができるでしょう。

　J-PlatPat（図表 13）で調べて大丈夫であれば、そのブランド名で商標を登録し、商標権を早く取得しましょう。商標権や商標登録の方法については次項でご説明します。

**【図表 13：J-PlatPat（https://www.j-platpat.inpit.go.jp/）】**

# 3 「商標登録」で自分ブランドを保護しよう

### ●商標権で相乗り出品が防げる

Amazon で相乗り出品を防ぐ方法として認知されているのが「商標権」を活用する方法です。「商標権」とは、自社の商品やサービスを表す「言葉」や「デザイン」を独占的に使用できる権利のことです。コストはかかりますが、特許庁に商標登録を出願することで法的にも有効な商標権が手に入ります。

### ●「ブランド名」で商標登録する

商標登録というと、商品名やサービス名での登録をイメージするかもしれません。しかし中国輸入ビジネスではブランド名を１つ登録しておけば十分です。それだけでブランド名を印字しているすべての商品に対する相乗り出品を防ぐことができます。

万が一、相乗り出品された場合にも、Amazon に連絡することで法律違反案件として対応してもらえるようになります。

## ●登録する商標は、「文字商標」のみでOK

　商標登録を出願する際には、デザインが含まれていない「ブランド名のみ」で出願する「文字商標」と、「ブランド名」と「ロゴ」をまとめて出願する「ロゴ商標」の2つがあります。

　ロゴをつくりましょうとお伝えしましたが、ここでは文字商標のみを登録すれば大丈夫です。あなたが文字商標を登録したブランド名の商品ページに、他の人からの相乗り出品を防ぐことができるようになります。

　ただし、商標を登録しただけでは相乗り出品は防げません。相乗り出品を防ぐには以下の4つの条件を満たす必要があります。

## ●条件1：正しい区分でブランド名を商標登録する

　商標登録は、商品やサービスの種類ごとに区分が分けられています。登録されていない区分では、商標権が認められません。

　どの区分に該当する商品を将来的に扱うかはわかりませんから、一度目の商標登録の際に複数の区分で出願しておくのが吉です。

　商標の区分は、第1類〜第35類まであります。中国輸入ビジネスで該当することが多い区分は次の6つです。「眼鏡やサングラスなど」の第9類、「アクセサリーや時計など」の第14類、「かばんや財布など」の第18類、「洋服や靴など」の第25類、「釣り具やペット用おもちゃなど」の第28類、「文房具やおもちゃなど」の第35類。

## ●条件2：商品自体にブランド名を印字し、商品画像で示す

　条件の2つ目は、商品自体にブランド名が印字されていることです。アクセサリーは紙タグで、衣服は布タグで認められますが、理想は商品自体にブランド名がしっかりと印字されていることです。

　そして印字するだけでなく、該当箇所の写真を撮って商品画像と

して登録し、商品ページにブランド名が印字されているとわかるようにしましょう。

## ●条件3：商品ページの商品タイトルにブランド名を記載している

条件の3つ目は、Amazon の商品ページの商品タイトルの先頭に、ブランド名が記載されていることです。商品タイトルはあとからの修正が認められないことがありますので、商品ページを作成する際にはじめから商品タイトルにブランド名を入れて作成しましょう。

## ●条件4：商品ページに、ブランド名を記載する

条件の4つ目は、商品ページ作成時にブランド名の欄に文字商標を記載することです。それにより商品ページの商品タイトル先頭の文字商標がブランド名だということがはっきりします。

## ●商標登録の出願手続は、早いほうがいい

商標権の取得は早い者勝ちです。たとえ自分が考えた自分ブランド名であり、自分がつくった商品ページであったとしても、そのブランド名で他者がその区分で商標権を既に取得済みの場合、あとからあなたが出願しても認められません。これを先願主義と言います。

そのため、商標登録は早めに出願することが重要です。

## ●出願手続は面倒なので弁理士に頼もう

商標登録の出願から登録完了までの期間は通常1年以上かかります。つまり相乗り出品されてから商標登録の出願をしたのでは、遅いということです。自分で書類を作成して出願する方法もありますが、非常に煩雑な手続です。出願をなるべく早く行うことも考えると、迷わず弁理士にお願いするとよいでしょう。

　弁理士とは特許や商標などの知的財産の専門家です。出願手続に至らない場合、料金は無料という弁理士事務所も多いので、気軽に相談してみましょう。登録の可能性だけでなく、登録するとよい区分の相談や、審査を優先的に受けることができる早期審査についての相談にも乗ってくれるはずです。

　自分で出願しようと時間をかけるより、専門家や専門サービスに任せて、少しでも早く商標登録の出願を行っておきましょう。

## ●最新の情報は Amazon に確認するのが吉

　Amazon の規約は随時細かく改訂されています。不明な点があれば、Amazon のテクニカルサポートへ問い合わせできます。ほかにも「Amazon セラーフォーラム」では掲示板形式で様々な相談が寄せられており、Amazon スタッフが回答したり、問い合わせ内容を利用者同士で回答し合ったりしています。

　自分ブランド化を進めるとともに、自分ブランドを商標権によって守っていくためにも、定期的に Amazon の規約についての最新情報をチェックしましょう。

# 4　ロゴをつくろう

## ●ロゴはシンプルなデザインにしよう

　小さい場所にも印字できるよう、ロゴはシンプルなデザインにしましょう。無料でロゴをつくるサービスもありますが、それでは小さい場所に印字しようとした際にデザインがつぶれて、うまく印字できないことがあります。デザイン性が低いと商品自体の価値も下

げてしまいますので、プロのデザイナーに頼みましょう。

「ランサーズ」や「クラウドワークス」といったフリーランスのデザイナーに直接仕事を依頼することができるサービスを利用するか、ロゴ専門のデザイン会社に依頼するとよいでしょう。

早ければ1～2週間でデザインが完成しますから、アリババで商品を発注し、日本に届くまでの間にロゴができあがります。

## ●自分ブランドの第一歩はブランド名とロゴのアピールから

自分ブランドを認識してもらえればもらえるほど、商品は売れやすくなります。ですので、まずはあらゆる方法で自分ブランドをアピールしましょう。1つでもブランド名とロゴが含まれた商品画像を商品ページに掲載すれば、「相乗りは難しい」とライバルセラーに認識させることにもつながり、相乗り出品への抑止力にもなります。

ブランドをアピールするには、商品ページにブランド名とロゴの画像を載せることが最も有効です。ただ、ロゴ単体の画像をそのまま載せるのではありません。商品そのものにブランド名やロゴが印字されていることがはっきりわかる画像を載せるのが基本です。

商品そのものにブランド名やロゴを印字するのが難しい場合は、商品につけた紙タグや布タグにブランド名やロゴを印字し、それがはっきりわかる画像を掲載しましょう。

相乗りを完全に防ぐためには、商標登録の出願が必要ですが、自分ブランドが存在していることをアピールするだけでも十分に相乗り出品への抑止力となります。

「ブランド品として売っていますよ」というアピールは、たくさん行うに越したことはありませんから、できることから徐々にアピール度を高めていけばいいのです。

# 5　ブランドをアピールする3つの具体策

## ●ロゴのついたパッケージをつくる

　中国のノーブランド商品には、パッケージに梱包されていないものも多くあります。その場合、自分でパッケージを別途用意することになります。

　パッケージも中国の工場に製造依頼することができますので、商品本体を製造している工場に依頼をするか、あるいはアリババでパッケージの専門工場へ発注をしましょう。

　パッケージは商品にあったサイズの既製品を選びましょう。発注先へブランド名やロゴのデータを送ることで、ブランド名やロゴが印字されたパッケージを作成することができます。

　初心者の方が取り組みやすい簡易的な方法としては、ブランド名の「スタンプ」でパッケージに印字する方法もあります。スタンプ自体はハンコ屋さんでつくれる普通のスタンプでかまいません。つくったスタンプに特殊なインキをつけて押すだけで、どんな素材のパッケージにも簡単にロゴをつけられるようになります。

　ガラスやプラスチックにも押せる特殊なインクはいくつかありますが、ハンコで有名なシャチハタが開発した「タートインキ」は非常に強力です。紙や布に限らず、ガラスや金属、もちろんプラスチックにも使えます。こすったり洗ったりしても消えません。

　ただし、理想は工場でのパッケージ作成です。あくまで補助的な印字方法としてスタンプがある、程度に認識しておきましょう。

　なお、ブランドロゴのシールをパッケージに張りつける方法もありますが、これはAmazonが推奨してる「恒久的にブランド名が

印字されていること」には該当しませんのでオススメしません。

## ●布タグをつける

アパレル商品などの布製品の場合は、ブランド名やロゴがデザインされた布タグを商品に縫いつけることで、自分ブランドをアピールすることができます。布タグは工場に発注すれば、1つ数円程度でつくれます。

複数の商品に共通で使えますので、工場に依頼してブランド名やロゴがデザインされた布タグは早めに手に入れましょう。商品への縫いつけは工場に依頼することもできますが、ある程度まとまった数にならないと引き受けてもらえない場合は、輸入代行業者へ依頼するか、自分で縫いつけます。

自分で商品にタグを縫いつけるときには、ホチキスのように小さいポケットミシンを使うと便利です。Amazon で売ってますし、そもそもポケットミシンも中国輸入の商品ですので、アリババの販売店から仕入れることもできます。

なお、アパレル商品の場合には、品質表示タグもつける必要があります。品質表示タグは、「洗濯ネーム」や「洗濯絵表示」とも呼ばれ、日本でも 50 枚 1,000 円以下で作成を依頼できる会社があります。商品の素材を伝えることで、デザインも含めて製造依頼できますので、まずは日本の会社に依頼するとよいでしょう。

扱うアパレルの商品数が増えてきたら、中国の工場に依頼することで、同じ表示のものを 1 枚 1 円程度でつくることができるようになります。

## ●紙タグをつくる

自分ブランドをアピールする上で最も有効なのは、商品自体に直

接ブランドロゴを印字することです。しかし商品自体が小さいネックレスや指輪などのアクセサリー商品は、商品にブランド名やロゴを印字するスペースがありません。このような商品は、紙タグをつける方法が有効です。

　布タグ同様に、中国の工場で紙タグを製造することも可能です。しかし10万枚以上しか引き受けてもらえないなど、必要な数だけを発注しようとしてもできない場合があります。1枚あたりが安くとも、結果的に高くなってしまってはいけません。

　そのような場合は少数の注文が可能な日本国内の業者へ発注するのも手段の1つです。印刷所やタグの大きさにもよりますが、日本国内でも1枚5円で1,000枚、すなわち5,000円程でつくることができます。

　紙タグが必要な商品の取扱量が1,000枚を超えるようになってきたら、中国の工場へ発注することでコスト削減をしていきましょう。

### ●タグの縫いつけ、括りつけは「外注」すると楽になる

　布タグの縫いつけや、紙タグの括りつけは、輸入代行業者が比較的安い金額で引き受けてくれる場合があります。安い理由は、中国人が中国で作業するからです。中国は事務所の家賃も人件費もすべてが安いので、日本で外注するよりも、中国で外注したほうが結果的に費用が安く済むのです。

　輸入代行業者によって条件が異なりますので、輸入代行業者を選ぶ際に確認しておくとよいでしょう。

### ●商品に直接印字する

　パッケージや布タグ、紙タグを使った方法以外にも、工場に依頼

をすることで、商品自体へ直接ブランド名やロゴを印字することができます。

　スタンプを用いても商品自体にロゴを印字することはできますが、やはり工場での直接印字が最も高級感が出ますし、相乗り出品の抑止力も高くなります。

　輸入代行業者に「ブランド名とロゴを商品に印字したいので、見積もりが取りたい」と伝えるだけで工場に問い合わせてくれます。

---

# 6　ブランド登録をして、優遇を受けよう

---

## ●商標権を出願することで、ブランド登録が可能となる

　あなたのブランド名を特許庁へ商標出願したら、Amazon にブランド登録をしましょう。このブランド登録をすることで、Amazon から正式に認められたブランドとして、様々な優遇を受けることができます。

　商品ページに記載するテキストの装飾が可能となったり、ブランド専用のストアページを持てるようになったり、様々なメリットがあります。以前は商標権を取得完了しないとブランド登録できませんでしたが、現在は出願中でもブランド登録が可能です。

## ● Amazon Vine 先取りプログラムを有効活用しよう

　ブランド登録をすると使えるようになる機能の 1 つに、「Vine 先取りプログラム」があります。

　Amazon Vine 先取りプログラムは、お客様に予約商品や新商品のサンプルをご利用いただき、率直なご意見やご感想をカスタマー

## 【図表 14：Vine メンバーによるカスタマーレビュー例】

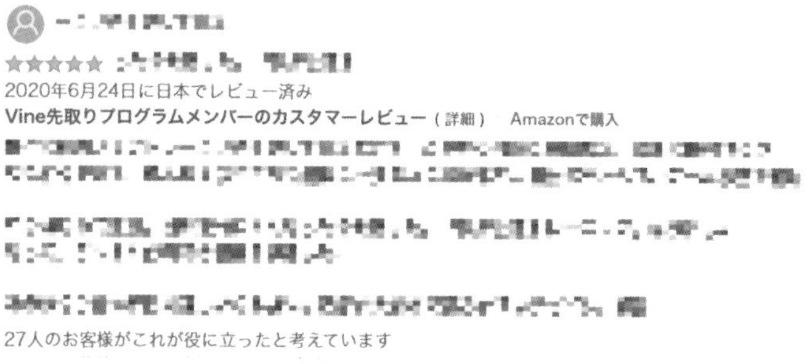

27人のお客様がこれが役に立ったと考えています

レビューとして投稿いただくプログラムです。カスタマーレビュー
を投稿できるのは Amazon から高い信頼が寄せられている、選ば
れしトップレビュアーのみです。

　この Vine 先取りプログラムを使うことで、トップレビュアーか
らのカスタマーレビューをたくさん集めることができます。図表
14 に、Vine 先取りプログラムによるカスタマーレビューの例を示
します。

　もちろん、忖度のない公正な評価がされますので、必ずしも高い
評価だけが集まるわけではありません。ただし理由なく低評価にな
ることもありません。

　Amazon から認定されたトップレビュアーは、他のお客様が商品
購入の検討に役立つレビューの投稿実績をたくさん持っていますの
で、あなたの商品に対する率直な感想を書いてくれます。

　その感想が品質改善や新たな商品開発のヒントになることもある
でしょう。

　品質の高い商品を取り揃えて、Vine 先取りプログラムを有効活
用しましょう。

# 第5章

## 輸入代行業者に
## 初めての発注をしよう！

# 1　商品の発注は輸入代行業者に対して行う

## ●中国工場とのやり取りはすべて「輸入代行業者」に任せられる

　仕入れたい商品が決まったら、いよいよ商品を発注します。

　「工場への商品代金の支払いはどうしたらいいの？」

　「輸入するために必要な書類はなにがある？」

　「中国語どころか、英語も苦手だけど大丈夫かな……」

　いざ商品を発注しようとすると、不安なことがいろいろと出てくることでしょう。しかし、心配はありません。なぜならあなたが直接、中国の工場へ発注する必要はないからです。発注や輸入の手続などはすべて「輸入代行業者」に任せればいいのです。

　輸入代行業者に任せずに自分で発注するには、アリババでの支払いのために「中国の銀行口座」が必要になります。「アリペイ」という決済サービスへの登録も必須です。

　中国で商品を受け取る必要もありますから、中国国内での受け取り拠点も必要です。クレームや要望など、工場に伝えたいことも、中国語ですべて伝える必要があります。これら必要だけどとても面倒な仕事をすべて代行してくれるのが「輸入代行業者」です。

## ●貿易書類は「輸入代行業者」がつくってくれる

　中国からに限らず、海外から商品を輸入する際には「インボイス」や「パッキングリスト」などの貿易書類が必要となります。

　インボイスとは輸入する商品の金額や数量などを書いた書類で、これを元に通関は関税をかけます。

　パッキングリストとは、梱包形態や個数、重量、容積などを記載

した書類で、インボイスと合わせて確認され、脱税などの不正がないかチェックを受けます。

　これらの書類は英語で作成する必要があり、不備がある場合には荷物の輸送が通関で止まってしまうことがあります。ほとんどの輸入代行業者は、追加料金なくこれらの書類を作成してくれます。輸入や関税の知識がなくとも、輸入代行業者に依頼すれば安心して商品を輸入することができるのです。


## ● 「輸入代行業者」と日本語でやり取りができる

　日本人が運営している輸入代行業者は多くあります。

　中国人が運営している輸入代行業者も、日本語が通じるところがほとんどです。つまり、コミュニケーションはすべて日本語で大丈夫というわけです。

　仕入れたい商品が見つかったら、輸入代行業者に商品の販売ページの URL と購入する個数を伝えるだけです。日本の EC サイトで買い物する感覚で、輸入代行業者に発注すればいいのです。


## ●輸入代行業者に依頼したほうが、結果的に安くなる

　「輸入代行業者に依頼せずに、自分で輸入したほうが安いのでは？」

　このように思う方もいるかもしれません。しかし、実際は輸入代行業者に依頼したほうが断然安くなります。

　その秘密は、日本への輸送コストにあります。輸入代行業者は、中国国内で受け取った荷物を、1つの箱にまとめて日本へ送ってくれるのです。

　もし輸入代行業者を使わずに自分で輸入する場合は、それぞれの工場に日本への配送をお願いすることになるので、輸送コストが2倍、3倍とかさんでしまいます。

## ●商品代金も送料も、すべてまとめて支払える

　輸入代行業者を介して商品を輸入することで、商品の代金も送料も、すべてまとめて輸入代行業者に支払うだけで済みます。取り扱う商品点数が増えてくると、どうしても大変になってくるのが経理業務です。

　支払先が１つの輸入代行業者にまとまることで、経理業務も簡単になります。アリババやタオバオへの支払いは輸入代行業者が行ってくれますので、中国元を用意する必要もありません。

　輸入代行業者に、すべてまとめて日本円で支払えば済むのです。

# 2　輸入代行業者の選び方

## ●輸入代行業者を選ぶ３つのポイント

　インターネットで「中国輸入　輸入代行業者」と検索すると、数えきれないほどの輸入代行業者が出てきます。では、候補となる輸入代行業者の中から、自分に合った輸入代行業者を選ぶには、どうしたらいいのでしょうか。

　ポイントは３つあります。１つずつ解説していきましょう。

### ポイント１：代行手数料

　輸入代行業者への支払いは、送料の支払いとは別に代行手数料が発生します。代行手数料は、基本料金に加えて商品代金の何％というように、割合で設定されている場合がほとんどです。たくさん発注するほど仕事も増えるわけですから、自然なプランと言えます。

　業者によっては、これらに加えてさらに固定での月額利用料が設

定されます。月額利用料が高いほど、代行手数料の割合が低くなり、輸入量が多い中・上級者にとってメリットのあるプランとなる場合があります。

　初心者のうちは輸入量が少ないはずですから、固定での月額利用料金は無料か、なるべく低い業者を選びましょう。

## ポイント2：重量20kg以上の送料

　輸入代行業者の国際送料を比較する際、1kgや2kgといった少ない荷物の送料で比較してしまうと、仕入れる量が多くなってきたときに、国際送料が割高になってしまうことがあります。

　初回の取引は少量だったとしても、近い将来に20kg以上の取引を行う前提で輸入代行業者を選定すると良いでしょう。

## ポイント3：AmazonのFBA倉庫への直接配送

　輸入代行業者によっては、輸入代行業務以外のオプションサービスも提供しています。

　検品、タグ付け、AmazonのFBA倉庫への直接配送など、商品を初めて仕入れる際には自分で行うことが大切ですが、2回目以降は輸入代行業者に任せるのも1つの手段です。

　日本で外注作業を依頼するよりも安い金額で輸入代行業者が引き受けてくれるはずです。なぜならば輸入代行業者は中国現地の安い人件費の中でサービスを行っているためです。

　検品や商品のオリジナル化を輸入代行業者に外注することで、商品を中国から日本のAmazonのFBA倉庫に直接配送してもらうことが可能になります。自宅などを経由しない分だけ送料が安くなりますし、検品する手間も省けるのでオススメです。

　輸入代行業者をうまく使うことで自分がやる仕事を減らす一方

で、収入金額はどんどん増えていく。労働した分、収入が比例して増える労働収入の考え方だと不思議な感じがするかと思いますが、ビジネスの場合は自分の労働量と収入は決して比例しません。

　商品リサーチで商品を選び、日本で販売する仕組みをつくってしまえば、そのあとは手間暇かからず収入が入ってくるようになるというわけです。

　輸入代行業者の例として3社（図表15〜17）を示します。どこの輸入代行業者に依頼するのか、選ぶ際の参考にしてください。

**【図表15：CiLEL（https://cilel.jp/）】**

**【図表16：イーウーマート（https://yiwu-mart.jp/）】**

**【図表17：淘太郎（タオタロウ）（https://www.yiwutaro.com/）】**

# 3 輸入時の支払金額を準備しておこう

## ●「国際送料」「代行手数料」「関税」の３つを支払う

商品を輸入する際、発生する支払いは、業者選定時にチェックした「国際送料」や「代行手数料」とは別に、「関税」もかかります。

それぞれおよそいくらかかるのかについてチェックし、支払う金額を準備しておきましょう。関税は、商品を受け取る際に配達員に支払います。

## ●「国際送料」はおおよそ１kg500円

まずは国際送料から見てみましょう。どの輸入代行業者も、一度に大量に輸入すればするほど「国際送料」がお得になっていきます。合計20kg以上になると、１kgあたり30〜40元前後の価格相場が一般的です。日本円にして480円〜640円程度です。

輸入代行業者によりますが、おおよその目安は「１kgあたり500円」と覚えておきましょう。ただし、国際送料は国際情勢の影響を受けて変動する場合もあるため、常に最新情報をチェックしておきましょう。

先述のキャンプ用品の１人用テントの場合、１商品で約1.2kgと重めです。「国際送料」はおおよそ576円となります。ただし、ぬいぐるみなど軽くても体積が大きい商品については、容積で送料が計算されることもありますので、注意してください。

## ●代行手数料は高い場合でも商品金額の10%

続いて代行手数料です。代行手数料は「発注金額」に応じて増え

ていきます。各輸入代行業者によって、料金体系は様々ですが、発
注金額の合計が1万円未満は10％、1万円以上は7％といったよ
うに、金額に応じた料金設定をしている輸入代行業者もあります。

　中には、1か月3万円のような「月額定額サービス」を提供して
いる輸入代行業者もあります。どれだけ大量に発注しても1か月
3万円ですから、月に100万円分の発注をした場合、代行手数料
は実質3％とかなり格安になるというわけです。

　取引する輸入代行業者が決まらないうちは、代行手数料は10％
として見ておけばよいでしょう。35元の1人用テントの代行手数
料を10％で計算すると3.5元。日本円にして約60円です。

### ●関税は仕入金額の10％を見ておけば安心できる

　関税が何パーセントかかるかは、インボイスに書かれた商品金
額と、その商品区分によって決まります。衣料品は4.4％〜20％、
ハンドバッグは8〜16％、アクセサリーは5.2％〜5.4％と、区分
によって関税にはかなりの差があります。

　時計、玩具、スポーツ用品など無税のものも多くあります。細か
い区分までチェックするのは知識と手間がかかりますので、関税が
高いものを輸入する際にだけ注意しましょう。

　関税が高いのは毛皮のコート（20％）や靴などの履物（30％ま
たは4,300円のいずれか高いほう）です。関税が高い商品を除けば、
関税は10％以下になる場合がほとんどです。

　100万円分の商品を発注したら、10万円は関税の支払いのため
に用意しておけば安心というわけです。

　輸入する商品の量が少ない場合は、簡易的な計算で税金を計算す
る「簡易税率」が適用されることがあります。通常の税率よりも簡
易税率の方が低いため、わざと少量ずつ輸入しようとする人がいま

すが、送料がかさんでしまうため本末転倒です。

　また、ビジネスとして行う以上、きちんと法令を遵守して実践しましょう。無理のない自分のペースで構いませんので輸入する量を徐々に増やしていくと、国際送料の割合が下がって利益率が上がっていくことでしょう。

## 4　「商品点数」と「商品ごとの発注数」

### ●商品点数を増やせば、稼ぐスピードが一気に上がる

　「輸入ビジネス」というと、たくさん仕入れて、たくさん売るイメージがあるかもしれません。しかし増やすべきは商品の種類であり、1つの商品の在庫数を多く抱えすぎてはいけません。在庫を多く抱えてしまうと、売り切るまでに時間がかかってしまいます。

　極端な例ですが、1つの商品を100個売り切るよりも、100種類の商品を、それぞれ1つだけ売るほうが、はるかに早く稼ぐことができるということです。

### ●利益率が低い商品でも早く売れればどんどん儲かる

　初心者が商品点数を増やせない理由に「1つの商品だけで稼ごうとしてしまう」ということがあります。たしかに利益率が70％や80％といった利益率の高い商品だけを扱えば、簡単に稼げるように感じるかもしれません。

　しかし実際には利益率が高い商品であっても1か月に少量しか売れなければ、利益は少ないままです。具体的な例で考えてみましょう。売価5,000円で利益率80％の商品が月に2個売れると8,000

円の利益です。同じ売価5,000円で利益率30％の商品が月に10個売れると15,000円の利益です。

　このように、利益率が低かったとしても、売れる個数が多ければ利益額もその分多くなります。まずは「利益率30％以上の商品をたくさん見つけよう！」と考えるとよいでしょう。

### ●「少数精鋭」より「ちりつも」を目指せ

　商品点数を増やすメリットとして、安定的に稼げるようになることも挙げられます。同じ100万円の売上でも、10商品で100万円より100商品で100万円のほうがビジネスとして安定しています。

　10商品しか取り扱っていない場合、何かの理由で1つの商品が販売できなくなったり売れなくなったりすると、10分の1の売上が減ってしまいます。ところが100商品扱っていれば、1つや2つの商品に何かが起きても全体の売上は1％程度しか減りません。

　このように少数精鋭の商品を揃えるよりも、取り扱っている商品点数を増やしていったほうが利益は安定していくというわけです。

### ●仕入は鮮度が命

　リサーチして見つけた利益の出る商品は、早く仕入れて自分ブランド化をし、販売をスタートしましょう。せっかく利益が出る売れやすい商品を見つけたのに放置してしまうと、需要と供給のバランスが崩れて売れにくくなってしまったり、価格相場が変わって利益が出にくくなったりしてしまうことがあります。

　リサーチで得たデータの鮮度が高いうちに商品を仕入れることで、販売実績を立てて商品ページを育てることにもつながります。

　商品の鮮度がいいうちに商品を販売することを心がけましょう。

# 5　石橋をたたいて渡るテスト発注の心得

## ●テスト発注は３個から行おう

　ビジネスの基本は、小さく始めて大きく育てることです。これは、商品の発注に関しても言えることです。たとえ１週間に10個売れる商品だとしても、いきなり10個を発注する必要はありません。10個を発注したとして、10個すべてが不良品だったとしたら、１つも販売できずに赤字になってしまうからです。

　そこでまずはテスト発注として、３個を発注しましょう。なぜ３個か。それは１個や２個のテスト発注だと、不良品の割合判定ができないからです。テスト発注で１つ発注し、１つが良品だったとしても、いざ本発注で10個発注したら半分が不良品だった、ということがありうるからです。

　テスト発注の数を３個にすることにより、３個とも良品ならばまず問題なく取り扱える商品だということがわかるわけです。

　なお、色やサイズなど異なるバリエーションがある商品は、それらについても３個ずつテスト発注しましょう。それほど販売個数が見込めない色やサイズの商品であっても、取り揃えておくことで魅力的な商品ページに見え、お客様からの信頼度もアップします。

## ●輸入代行業者に事前検品をお願いしよう

　普段の買い物で不良品を買ってしまう経験はなかなかありませんが、それはメーカーが出荷前にきちんと検品しているからです。

　なので本発注の際はもちろんですが、テスト発注のときから輸入代行業者へ事前検品を依頼しておきましょう。日本へ発送する前に

検品をしてもらい、中国側で不良品の返品交換の対応をしてもらうのです。

　不良品に当たると腹が立ちますが、中国輸入ビジネスにおいては「あ、この商品はダメだったか」くらいに思うのがよいでしょう。不良品を恐れず次々とテスト発注をしていくことで、どんどん稼げるようになると前向きに捉えましょう。

●不良品が混じっていたら、良品を売って赤字を回避せよ

　テスト発注で３個仕入れて、３個とも良品ならば問題ありません。いずれ３個のうち１個が不良品だったことは誰しも経験することになるでしょう。しかし恐れることはありません。

　３個のうち１個が不良品ならば、良品であった２個は販売すればいいのです。ある商品を1,000円で３個仕入れたとして、３個中１個が不良品だった。この場合は残った２つの良品を1,500円で販売すれば赤字が回避できるというわけです。赤字さえ回避できれば、不良品が混じることは怖くないというわけです。

　なお、３個中１個が不良品であった場合であれば、取り扱うことを検討しましょう。中国の工場が返品交換に対応してくれるのであれば、問題なく利益を出すことが可能です。

# 6　資金を効率よく使う本発注のシンプルルール

●発注方法をシンプルにすれば、商品点数は増やせる

　たくさんの商品点数を扱うにあたり、問題となるのはリサーチではなく発注方法です。どの商品を、どのタイミングで、いくつ発注

すればいいのか。現在の在庫を見て、少なくなってきたら発注する、という感覚的な発注では在庫切れのリスクが出てきます。

「在庫がまだあるから」と発注しないでおくと、売れ行きがよくなってきた商品は一気に在庫切れになってしまいます。売れ行きを確認しながら経験と勘で発注を行う方法は、リスクが大きすぎるのです。

取り扱う商品点数は10種類、30種類、50種類と徐々に増やしていきたいわけですから、効率的な発注を考えても一定のルールに従うことが大切になります。そこで次項では、発注をどのようなルールに従って行えばいいのかをお伝えしていきます。

#### ●テスト発注分の売れ行きから本発注1回目の発注数を考える

テスト発注で商品を3個仕入れ、商品に問題がなりければ商品を販売します。そして、その3個が全部売れたら、本発注を行います。

では、本発注で仕入れるべき個数は、いくつでしょうか。このとき参考にするのは、リサーチ結果ではなくテスト発注で仕入れた3個を実際に販売した結果の「実売データ」です。すなわち3個仕入れた商品が、どのくらいのスピードで売れていくのかをチェックし、そのうえで発注数を決めるというわけです。

このときの発注数を感覚で決めてしまうと、売れ行きを期待しすぎて必要以上に在庫を抱えてしまったり、逆に過剰在庫を恐れて少なく発注しすぎて在庫切れを起こして、機会損失になってしまったりするため、本発注にもルールが必要なのです。

本発注におけるルールには、一般的に2つのルールがあります。1つは定期的に発注日を決めておく「定期発注方式」です。

例えば、毎週月曜日に発注を行うというような方式です。もう1つは在庫量がある量まで減ったら発注する「定量発注方式」です。

定期的に在庫量をチェックし、少なくなったら発注するという方式です。

## ●定量発注方式は「安価」で「需要が安定」している場合

「トイレットペーパーは残り３ロールになったら買いに行く」というように、ある量まで減ったら発注するのが「定量発注方式」です。

「定量発注方式」は、細かい計算をする必要がなく簡単ですが、在庫切れを防ぐためには需要に比べて在庫を多めに抱える必要があります。毎日の売れる個数が安定していれば、在庫切れまでギリギリのタイミングで発注するということも可能ですが、中国輸入ビジネスでは急に人気が出て需要が急増したり、逆に何らかの原因で需要が減ったりと、需要変化が起こりうるため定量発注方式は適しません。

中国輸入ビジネスにおいて適しているのは、次にご説明する「定期発注方式」です。

## ●定期発注方式は在庫を減らすことができる

毎週月曜日に発注する、というように発注日を定期的に決めておく方法が、定期発注方式です。発注するたびに発注数を変えられるため、需要の変化に対応しやすく、また発注頻度を上げることで抱える在庫数を減らすこともできます。

中国輸入ビジネスではこの定期発注方式を用いることで、少ない資本を使って効率よく稼げるようになります。

問題は、定期発注方式は需要の変化を見ながら個別の商品ごとの発注数を変化させる必要があるということです。そこで誰でも簡単に、１つひとつの商品ごとに需要を予測して発注することができる「24日法」を紹介します。

# 7　在庫を切らさず効率よく稼ぐ「24日法」

## ● 24日法のルールは5つある

　発注数を計算するための「24日法」は、ルールが5つあります。これらのルールを覚えなくとも、p95に示す式(A)とp96に示す式(B)を用いれば、誰でも簡単に発注数を計算できます。

　ですが、自分がどのような計算をしているのかを知ることで、「本当にこの発注数でいいのかな？」といった不安を取り除くことができますので、ルールを一通り読んで理解しておきましょう。

## ルール1：1週間ごとに発注する

　24日法では、基本的に1週間ごとに発注を行います。

　1週間ごとに発注することにより、需要の変化にいち早く対応しやすくなり、在庫切れのリスクを減らすことができます。

## ルール2：在庫数を調べて、不足分を発注する

　発注するタイミングで、「在庫数」をチェックして発注数を決めます。在庫数が少なければ、少ない分だけ追加発注し、まだまだ在庫数が十分に多くあるのであれば、追加発注しません。

　このとき、多いか少ないかを判断するための在庫の数を「基準在庫」と呼びます。在庫の数が残り5個で、基準在庫が10個だとしたら、5個足りないので5個を追加発注するということです。

## ルール3：発注して届いていない分は、発注数から減らす

　現在の在庫数が少ないからと言って、現在の在庫数だけを見て追

加発注してしまっては、過剰発注となる場合があります。

　そこでルール３では、追加発注済みの商品のうち、まだAmazonの在庫に反映されていない商品の個数を調べ、発注数から差し引きます。

　代行業者へ発注してからAmazonの在庫に反映されるまで、目安で２週間以上かかります。そのため、２週間前に追加発注した個数と、１週間前に追加発注した個数は、まだ現在のAmazonの在庫数に反映されていません。

　つまり、発注数が２週間前に３個、１週間前に２個の場合は、発注済の合計５個分を今回の発注数から差し引くということです。

## ルール４：基準在庫は、24日分の在庫数で計算する

　発注のたびに在庫数を調べ、基準在庫に満たない数だけ発注するわけですが、このときの基準在庫を多く設定すればするほど過剰発注になりがちですし、逆に少なく設定すればするほど在庫切れのリスクが膨らみます。

　この基準在庫を24日分の在庫とすることから、私はこの発注方法を24日法と呼んでいます。

## ルール５：直近１週間の売れ行きを元に計算する

　基準在庫となる24日分の在庫数は、直近１週間での売れ行きを元に計算します。なぜかというと、最新の売れ行きを元に、常に発注数を変化させるためです。なぜ１週間なのかというと、すべての曜日が均等に含まれ、需要の平均値として計算できるからです。

　もしも直近３日の売れ行きを元に考えると、月曜日の発注の際には金、土、日の３日間の売れ行きを元にすることになります。

　すると週末の売れ行きは平日に比べてよくなる傾向がありますの

で、需要を実際よりも多めで見積もってしまうことになるのです。

# 8 発注数を求めるための2つの計算式

## ●発注数は2つの計算式で計算できる

　それでは本項より24日法の実際の計算方法をお伝えします。ルール1からルール5を理解せずとも、機械的に計算すれば発注数を算出することが可能です。

　発注数を求めるには、2つの計算式を用います。まずは2つの計算式の導き方をお見せします。

## ●基準在庫を求めるための式(A)

　基準在庫とは、ルール4でお伝えしたように、24日分の在庫数とします。この24日分の在庫数は売れ行きによって変化します。

　売れ行きはルール5より直近1週間の売れ行きを使いますので、次の比例式が成り立ちます。

---

基準在庫：直近1週間で売れた数　＝　24日：7日

---

　比例式は外項の積と内項の積が等しい性質がありますから、次のように式(A)が導き出されます。

---

基準在庫　＝　直近1週間で売れた数　×　24　÷7
　　　　　≒　直近1週間で売れた数　×　3.43　　……(A)

---

## ●基準在庫から発注数を求める式 (B)

　基準在庫がわかったら、発注数を求めます。発注数は、ルール2とルール3から次の式 (B) となります。

---

発注数=（基準在庫）-（現在の在庫数）-（在庫未反映の発注済数）……(B)

---

　式 (B) に示すように、基準在庫から現在の在庫数と在庫未反映の発注済数を引いた答えが発注数となります。

## ●例題1：発注数の求め方

　ある商品について、基準在庫が20個で、現在の在庫数が14個でした。1週間前に2個、2週間前にも2個発注しましたが、まだ在庫には反映されていません。3週間前に発注した2個は反映されています。このとき、発注数はいくつになるでしょうか？

　発注数は、式 (B) を用いて計算します。式 (B) にいれる「基準在庫」と「現在の在庫数」はそれぞれ20個と14個と問題文よりすでにわかっていますから、あとは「在庫未反映の発注済数」だけを考えましょう。

　反映されていないのは1週間前に発注した2個と2週間前に発注した2個の合計4個です。

　よって、式 (B) は次のとおりになります。

---

発注数=（基準在庫）-（現在の在庫数）-（在庫未反映の発注済数）
　　=　20個　-　14個　-　4個
　　=　2個

---

　式 (B) より、発注数は2個ということがわかりました。

# 9 シミュレーション（1）
## テスト発注から本発注1回目まで

●3つのパターンで発注シミュレーション

　発注数の計算方法がわかったところで、今度は3つのパターンごとに、どのように発注数が変化していくのかをシミュレーションします。

　3つのパターンのシミュレーションを見ることで、24日法がいかに優れた発注方法なのかをご理解いただけるかと思います。

●発注〜在庫反映までは「17日」とする

　シミュレーションにあたっては、発注からAmazonの在庫に反映されるまでを17日とします。17日とする理由は、FBAを利用する場合におおよその目安となる日数だからです。

　発注した商品が中国の工場から発送され、輸入代行業者の元に届くまで約5日。中国から発送し、日本まで届くまで約5日。届いた商品の検品や梱包作業に約3日。商品を発送してAmazonのFBA倉庫に届くまで約2日。土日など工場の定休日や荷物の受け取り時間として2日余計に考えて、計17日というわけです。

●テスト発注から在庫反映までのシミュレーション

　ある商品Aを2月5日の月曜日に3個テスト発注したとします。

　発注した商品がAmazonの在庫に反映されるまで17日間かかるとすると、図表18で示すように、2月22日の木曜日に「在庫3個」にて在庫反映され、販売がスタートします。

【図表18：テスト発注〜在庫反映までのシミュレーション】

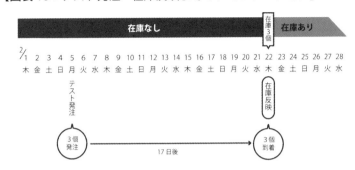

## ●例題2：本発注1回目の発注数

　本発注の1回目は、テスト発注分の3個が売り切れてから行います。在庫3個が1週間で売り切れた場合、図表19のように在庫反映から1週間たった以降に追加発注が可能となります。

　このときの本発注1回目の発注数はいくつになるでしょうか？

【図表19：本発注1回目のタイミング】

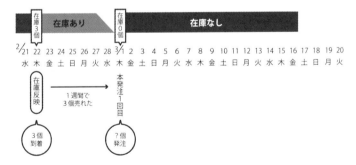

　まずは基準在庫を計算するのに式 (A) を用います。式 (A) の「直近1週間で売れた数」に3個を入れると、次の計算になります。

基準在庫＝（直近1週間で売れた数）× 3.43 ……(A)
　　　 ＝ 3 × 3.43
　　　 ＝ 10.29 個
　　　 ≒ 10 個

　発注数は式 (B) を元に計算できます。基準在庫に 10 個、現在の在庫数はテスト発注で仕入れた 3 個がすべて売れていますので 0 個です。

　また、在庫に未反映の発注済分もありませんので、それぞれ式 (B) に代入すると次のようになり、本発注 1 回目の発注数は 10 個だとわかります。

発注数＝ ( 基準在庫 ) － ( 現在の在庫数 ) － ( 在庫未反映の発注済数 )
　　 ＝　10 個　　 －　　 0 個　　 －　　　　 0 個
　　 ＝　10 個

　発注スケジュールと合わせてまとめると、図表 20 になります。

**【図表 20：テスト発注から本発注 1 回目の発注数】**

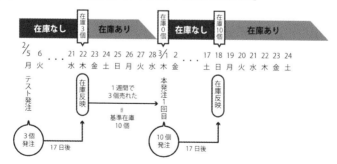

# 10　シミュレーション（２）
## 　　パターンA：売れ行き一定の場合

### ●パターンAは売れ行きが変わらない場合

　本発注２回目以降は、本発注１回目の在庫反映分の売れ行きによって発注数が変わってきます。

　そこで３つのパターンでのシミュレーションをしていきます。３つのパターンとは、売れ行きが常に一定であるとしたパターンA、売れ行きが途中からよくなるとしたパターンB、売れ行きが途中から失速するとしたパターンCです。いずれの場合においても、テスト発注から本発注１回目までは同じ売れ行きとし、本発注１回目以降に売れ行きが変化するものとしてシミュレーションします。

　本項では、売れ行きが変わらず１週間に３個売れ続けるパターンAの場合をシミュレーションしていきます。

### ●本発注２回目以降の発注タイミング

　まずは発注数の前に、発注日がどのように決まっていくのかをシミュレーションしていきましょう。本発注の２回目は、本発注の１回目の在庫反映分を元に発注数を決めますから、本発注１回目の発注分が在庫反映する１週間後が最短です。

　シミュレーションでは本発注１回目が３月１日、在庫反映がその17日後の３月18日ですから、本発注の２回目はさらに１週間後の３月25日となります。

　以降、１週間ごとに本発注を行っていくこととなります。本発注のスケジュールについてまとめると図表21のようになります。

**【図表 21：本発注 1 回目、2 回目、3 回目のタイミング】**

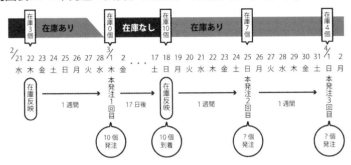

## ●例題 3：本発注 2 回目の発注数（売れ行き一定の場合）

本発注 1 回目で仕入れた商品が、変わらず 1 週間に 3 個ずつの
ペースで売れ続けた場合、本発注 2 回目の発注数はそれぞれいくつ
になるでしょうか？

式 (B) に「基準在庫」「現在の在庫数」「在庫未反映分の発注済数」
の 3 つを入れれば、発注数は算出できます。

売れ行きが変わらない場合を考えていますので、「基準在庫」は
本発注 1 回目と全く同じ式となり、基準在庫は変わらず 10 個です。

「現在の在庫数」は、本発注 1 回目で仕入れた 10 個が 1 週間で
3 個売れ、残り 7 個です。テスト発注した 3 個が在庫に反映してい
ますから、「在庫未反映の発注済分」は 0 個です。

それぞれを式 (B) に入れると、次のように本発注 2 回目の発注数
は 3 個だとわかりました。

| 発注数 | = | ( 基準在庫 ) | − | ( 現在の在庫数 ) | − | ( 在庫未反映の発注済数 ) |
|---|---|---|---|---|---|---|
| | = | 10 個 | − | 7 個 | − | 0 個 |
| | = | 3 個 | | | | |

## ●例題4：本発注3回目の発注数（売れ行き一定の場合）

　本発注2回目以降も売れ行きが変わらず、1週間3個のペースで
売れ続けた場合、本発注3回目の発注数はどうなるでしょうか？

　売れ行きが変わりませんので、基準在庫は変わらず10個のまま
です。在庫は7個から1週間で3個減り4個となっています。

　在庫未反映の発注済数は、本発注2回目で発注した3個ですので、
発注数は以下のように3個であることがわかります。

```
発注数 ＝ ( 基準在庫 ) － ( 現在の在庫数 ) － ( 在庫未反映の発注済数 )
     ＝    10 個    －     4 個    －        3 個
     ＝   3 個
```

## ●例題5：本発注4回目の発注数（売れ行き一定の場合）

　同じように売れ行きが変わらない場合、本発注4回目の発注数は
いくつになるでしょうか？

　基準在庫は10個のままです。在庫数は4個から3個減り、1個
になります。在庫未反映の発注済数は本発注2回目の3個と3回目
の3個を足した6個です。

　それぞれを式(B)に代入すると、以下のように3個を発注すれば
よいことがわかりました。

```
発注数 ＝ ( 基準在庫 ) － ( 現在の在庫数 ) － ( 在庫未反映の発注済数 )
     ＝    10 個    －     1 個    －        6 個
     ＝   3 個
```

## ●本発注２回目から４回目の発注数のまとめ

　例題３から例題５までのシミュレーションにより、24 日法を用いると売れ行き一定の場合には発注数も一定となることがわかりました。図にまとめると、次の図表 22 のようになります。

**【図表 22：本発注２〜４回目の発注数（売れ行き一定）】**

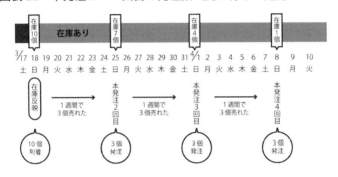

## ●売れ行き一定の場合には、在庫切れは起こらない

　24 日法は、24 日分の商品を Amazon の在庫に反映させるところから始まります。

　つまり、売れ行きが変わらない場合は、本発注１回目から数えて 24 日間は在庫が持つわけです。

　本発注１回目で発注した在庫分である３個が、本発注１回目から数えて 24 日後に届くので、在庫はちょうど持つことがわかります。なぜ 24 日後に届くかというと、本発注１回目から１週間後に本発注２回目を行い、発注してから在庫に反映されるまでが 17 日後だからです。

　これを図に示すと、図表 23 のようになります。

【図表23：本発注1回目以降の在庫変化（売れ行き一定）】

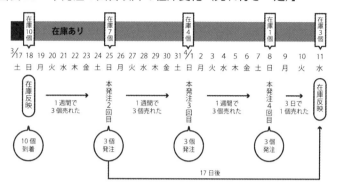

# 11 シミュレーション（3）
## パターンB：売れ行き良好の場合

### ●パターンBは、本発注後に1週間4個ずつ売れていく場合

パターンAでは、本発注1回目で発注した10個の商品が在庫反映後、1週間に3個ずつ売れていく場合をシミュレーションしました。本項ではパターンBとして、本発注1回目の商品が在庫反映後に、1週間4個ずつと1つ多く売れていく場合を考えていきます。

### ●例題6：本発注2回目の発注数（売れ行き良好の場合）

パターンBで1週間4個と売れ行きがよくなった場合、本発注2回目での発注数はいくつになるでしょうか。

発注数を求める式 (B) は、次のとおりです。

発注数＝（基準在庫）－（現在の在庫数）－（在庫未反映の発注済数）

まずは基準在庫を計算します。

1週間に4個売れるわけなので、次のように14個であるとわかります。

---

基準在庫＝（1週間で売れた数）× 3.43日 ……(A)

　　　＝　　4 × 3.43

　　　＝　13.72　≒　14個

---

現在の在庫数は、1週間に4個売れるので、本発注1回目の在庫10個から4個が減り、次のように6個となります。

---

現在の在庫数　＝　10個　－　4個　＝　6個

---

在庫未反映の発注済数は、まだありませんので0個です。

よって、本発注2回目の発注数は、次のように8個となります。

---

発注数＝(基準在庫)－(現在の在庫数)－(在庫未反映の発注済数)

　　＝　14個　　－　　6個　　－　　　　0個

　　＝　8個

---

## ●例題7：本発注3回目の発注数（売れ行き良好の場合）

同様にパターンBにおいて、本発注3回目の発注数はいくつになるでしょうか？

1週間に4個売れるペースは例題6と変わりませんので、基準在庫を同様に計算すると14個となります。在庫は6個から4個売れて残り2個となります。

　在庫未反映の発注済数は本発注2回目における8個ですので、本は中3回目の発注数は以下のとおりに計算されます。

---

　発注数 = (基準在庫) − (現在の在庫数) − (在庫未反映の発注済数)

　　　 = 　14個　　 − 　　2個　　 − 　　　　　　8個

　　　 = 　4個

---

　以上より、4個であることがわかります。

## ●例題8：本発注4回目の発注数（売れ行き良好の場合）

　では続いて、パターンBの場合の本発注4回目の発注数はいくつになるでしょうか？

　本発注4回目においては、在庫が2個しかありませんから1週間に2個しか売れません。しかしだからと言って、基準在庫の計算式(A) の「直近1週間で売れた数」に対して2個を入れてしまうと、基準在庫が下記のように7個となってしまいます。

---

　基準在庫 = （直近1週間で売れた数）×　3.43……(A)

　　　　 = 　2個　　×　3.43

　　　　 = 　6.86

　　　　 ≒ 　7個

---

　実際の売れ行きは1週間に4個なわけですから、基準在庫は14個のままであるはずです。そこで在庫切れが起きた場合には、在庫切れが起きる前の期間での「直近1週間の売れた数」を入れましょう。

　すると、下記のように基準在庫は14個のままとなります。

基準在庫＝（直近１週間で売れた数）× 3.43……(A)
　　　　＝ 4個 × 3.43
　　　　＝ 13.72
　　　　≒ 14個

　２個あった在庫が１週間で０個となり、２回目と３回目の発注分である８個と４個の合計値12個が在庫未反映の発注数となりますので、本発注４回目の発注数は次のとおりに計算されます。

発注数＝(基準在庫)－(現在の在庫数)－(在庫未反映の発注済数)
　　　＝ 14個 － 0個 － 12個
　　　＝ 2個

　よって、２個となります。
　発注数２回目から４回目までを図表24にまとめます。
　売れ行きが良好になったことで発注数が調整されていることがわかります。

**【図表24：本発注１回目以降の在庫変化と発注数（売れ行き良好）】**

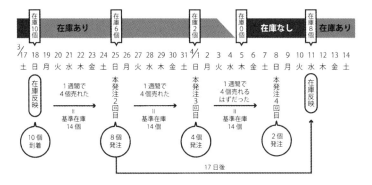

## ●売れ行きがよくなると、在庫切れが発生する

　本発注した商品の売れ行きがよくなり、1週間に4個のペースで
売れる場合は在庫切れが発生します。このとき、在庫切れの日数は
何日になるでしょうか？

　1週間（7日）で4個売れるペースですから、本発注1回目の
10個が売り切れるまでの日数は「7日：4個　＝　10個が売り切
れるまでの日数：10個」という比例式で表せますので、次のとお
りになります。

```
10個が売り切れるまでの日数　＝　7日　×　10個　÷　4個
                           ＝　17.5日
```

　本発注2回目の発注分が在庫反映するまでには17日がかかりま
すから、本発注1回目分の在庫反映日から数えると、さらに7日を
足して、次のような計算となります。

```
本発注2回目分が在庫反映するまでの日数　＝ 17日　＋　7日
                                     ＝ 24日
```

　そして、本発注1回目の在庫が売り切れるまで17.5日かかるの
で、基準となる24日から引きます。

```
在庫切れの期間　＝　24日　－　17.5日
              ＝　6.5日
```

　この6.5日間は、お客様が商品を購入したくても購入できない機
会損失の期間になり、非常にもったいないです。

## ●在庫切れ対策には「自己発送」で在庫を補充

売れ行き良好な場合に在庫切れを防ぐための方法が、「自己発送」を用いた在庫数の操作です。

自己発送とは、自宅などに商品を保管し、売れたら自分でお客様へ発送手続を行う方法です。

FBAを用いないこの自己発送であれば、商品をAmazonの倉庫に送るまでの日数を短縮することができます。

## ●発注を「日曜夜」か「月曜朝」にすれば在庫反映が早くなる

輸入代行業者へ商品を発注する日は、日曜日の夜もしくは月曜日の朝がおすすめです。

輸入代行業者から中国の工場へと月曜日中に商品発注され、木曜日までには製造工場から輸入代行業者へ商品が届く場合が多いです。

金曜日の間に輸入代行業者が日本への発送を手配してくれれば、輸入代行業者と工場が休みである土日を無駄にすることなく、商品が日本へ空輸されます。

月曜日には商品が日本の税関を通過するので、輸入代行業者への商品発注から10日後には自分の手元に商品が届くというわけです。

もちろん商品が手元に届く日数は製造工場、輸入代行業者や税関の状況にもよりますが、日曜日の夜か月曜日の朝に発注することで、最短最速で手元に商品が届くというわけです。

## ●在庫切れが自己発送で防げる

発注から自分の手元に届くまでが10日とすると、発注から10日後に自己発送で商品の在庫をAmazonに反映できるということです。在庫切れはこれで防げるでしょうか？

　10個が売り切れるまでの日数は17.5日です。自己発送での在庫反映を行った場合、本発注1回目から数えると7日後に本発注2回目を行い、さらに10日後に自己発送での在庫登録をしますので、計算は次のとおりになります。

---

本発注2回目分が在庫反映される日数　＝　7日　＋　10日
　　　　　　　　　　　　　　　　　　＝　17日

---

　売り切れるまでの日数よりも早く在庫反映できましたので、自己発送を用いることにより在庫切れがなくせました。

　Amazonは在庫切れの商品ページは検索結果に表示すらされなくなります。

　このように、在庫切れが起きそうになったら補充用の商品が届き次第、まず自己発送での在庫反映を行いましょう。

---

# 12　シミュレーション（4）
# 　　パターンＣ：売れ行き低下の場合

---

### ●例題9：本発注2回目の発注数（売れ行き低下の場合）

　では本発注1回目以降に売れ行きが悪くなった場合のシミュレーションをしてみましょう。

　商品Aが1週間に1個しか売れなくなったとすると、本発注2回目はいくつ発注することになるでしょうか？

　まず基準在庫を求めます。式(A)に1週間で売れた数を当てはめると、次のように3個となります。

$$基準在庫＝（1週間で売れた数）\times 3.43 \cdots\cdots(A)$$
$$= 1個\times 3.43$$
$$= 3.43個 ≒ 3個$$

　現在の在庫数は、1週間に1個しか売れないわけですから、10個から1個減って9個です。在庫未反映の発注済数はありませんから0個です。

　本発注2回目の発注数は、次のようにマイナスとなりますから、0個だということがわかります。

$$発注数 ＝ (基準在庫) － (現在の在庫数) － (在庫未反映の発注済数)$$
$$= 3個 － 9個 － 0個$$
$$= －6個$$

　図表25のように、発注数はしばらくの間ゼロが続きます。

【図表25：売れ行きが悪くなった場合の在庫変化と発注数】

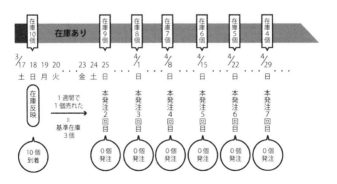

## ●例題 10：発注の再開はいつからか

では、いつから発注数は 0 から再び 1 以上になるでしょうか？

図表 26 のように、本発注 9 回目になると在庫が 2 個となるため、次の計算より発注数は 1 個となります。

発注数 = ( 基準在庫 ) － ( 現在の在庫数 ) － ( 在庫未反映の発注済数 )
　　　 =　　3 個　　　 －　　　 2 個　　　 －　　　　　 0 個
　　　 =　　1 個

以後、次の図表 26 のように発注数は 1 個が続いていきます。

## 【図表 26：売れ行きが悪くなった場合の在庫変化と発注数】

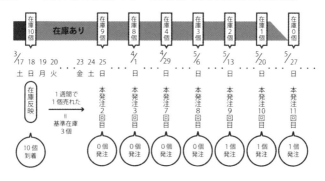

## ●例題 11：売れ行きが悪くなることで在庫切れは起きる？

売れ行きが 1 週間に 1 個と低下した場合に、在庫切れは起きるでしょうか？

本発注 1 回目で発注した 10 個が在庫切れになるまでは 10 週間かかります。図表 27 のように、本発注 2 回目で在庫が 9 個、本発

注３回目で在庫が８個、と１週間ごとに１つずつ減っていきますので、本発注11回目では在庫は０になり、在庫切れが起きます。

　このように、売れ行きがよくなるときだけでなく、売れ行きが悪くなることによって在庫切れが起きることがあると覚えておきましょう。

**【図表27：売れ行きが悪くなった場合の在庫変化と発注数】**

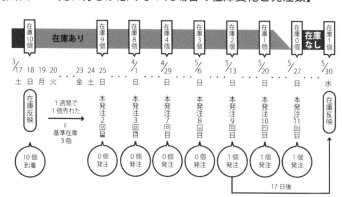

●例題12：在庫切れは何日間か？

　在庫が０のままとなるのは、何日間でしょうか？

　本発注９回目で１個を発注してから商品が在庫として反映されるまでは、本発注９回目から17日、すなわち２週間と３日ですから、本発注11回目の３日後となります。

　つまり、３日間は在庫切れの状態になります。

　在庫切れになってしまったら、売れ行きが良くなったときと同様、「自己発送」による在庫登録を行うことで在庫切れを未然に防ぎましょう。

# 13　発注数計算シート

## ●エクセルでつくる発注計算シート

　実際の発注では、取り扱っているすべての商品について発注数を計算します。慣れてくれば1商品あたり1分もかからずに暗算で計算できるようになります。

　慣れるまでは、エクセルで発注計算シートをつくると便利です。つくり方は簡単です。次の図表28のように、取り扱っているすべての商品の「ASIN」を1列目のA列に入力しましょう。

　B列には「直近1週間で売れた個数」、C列に「未反映の在庫数」4列目に「現在の在庫数」を入力する場所をつくります。

　そしてE列には「基準在庫」の計算式 (A) を設定します。「直近1週間で売れた個数」はB列の同じ行ですから、2行目以降は「=B2/7*24」、「B3/7*24」というように、計算式を設定します。

　同様にF列にも「発注数」の計算式 (B) を図表28のように設定することで、簡単に「発注計算シート」が完成します。

　巻末の読者プレゼントにて、エクセルで作成した発注計算シートをプレゼントしていますので、ご利用ください。

【図表28：発注計算シート】

|  | A | B | C | D | E | F |
|---|---|---|---|---|---|---|
| 1 | ASIN | 直近1週間で売れた個数 | 現在の在庫数 | 未反映の在庫数 | 基準在庫 | 発注数 |
| 2 |  |  |  |  | =B2/7*24 | =E2-C2-D2 |
| 3 |  |  |  |  | =B3/7*24 | =E3-C3-D3 |
| 4 |  |  |  |  | =B4/7*24 | =E4-C4-D4 |

# 第6章

## 自分ブランド商品を
## Amazon に出品しよう

# 1　出品アカウントの種類

## ● Amazon 出品サービスに登録しよう

Amazonで商品を販売するにあたり、まず必要なことが「Amazon出品サービス」への登録です。

登録のためのページは、Amazonのトップページ最下部の「Amazonで売る」のリンクから表示させることができます。

## 【図表 29：Amazon 出品サービス登録ページ】

## ●大口出品を選ぼう

Amazon出品サービスには、「大口出品」と「小口出品」の2種類があります。自分ブランドの商品を販売するには、新たな商品を登録することができる「大口出品」の利用が必須です。

利用料は消費税抜きで月額4900円です。登録するとすぐに課金が始まりますので、登録作業は販売したい商品の準備ができてからにしましょう。

# 2　大口出品の登録方法

## ●事前に登録の準備をしておこう

　登録をしようと思ったときに作業がスムーズに進むよう、事前に必要な準備をしておきましょう。

### 事前準備１：顔写真つきの身分証明書

　本人確認書類として、運転免許証かパスポートのいずれかが必要です。運転免許証をお持ちでない方は、パスポートを取得しておきましょう。

### 事前準備２：取引明細書もしくは残高証明書

　本人確認のために、過去 180 日以内に発行された金融機関の取引明細書が必要です。紙の取引明細や預金通帳があれば、スマートフォンで撮影して準備完了です。

　紙の取引明細や預金通帳がない場合は、オンラインでダウンロードした PDF 形式の取引明細でも可能です。難しい場合は、銀行に残高証明書の発行を依頼しましょう。

### 事前準備３：売上金受け取り用の銀行口座

　普段から利用している銀行口座でも構いませんが、新たに中国輸入ビジネス専用の銀行口座を開設するのもおすすめです。売上金の管理が行いやすくなります。

　手軽にスマートフォンから振込手続などができるインターネットバンキングへの登録をオススメします。

## ●いざ、大口出品に登録！

　販売したい商品の準備が整ったら、大口出品に登録しましょう。まずは登録項目全体を把握して、登録作業に入る前に必要な書類をそろえておきましょう。

### 登録項目１：出品者情報

　出品者情報とは、販売元の情報としてお客様に公開される次の５つの情報です。（１）販売業者名、（２）電話番号、（３）住所、（４）運営責任者名、（５）店舗名。身分証明書と照らし合わされることがありますので、運営責任者名は身分証明書に記載の名前とまったく同じように入力しましょう。簡易的な漢字表記やビジネスネームなどでの登録は認められない可能性があります。

### 登録項目２：会社情報

　法人として登録する場合は法人番号や会社住所を登録します。個人事業主として登録する場合は、事業所の住所を登録します。事業所は自宅と同一住所でも構いません。確定申告をする際に用いる住所を事業所の住所として登録しましょう。

### 登録項目３：クレジットカード

　大口登録の月額利用料の支払いのためにクレジットカードの登録が必要です。なお、Amazon での売上金と相殺されますので、商品が売れるようになると、月額利用料の請求はなくなっていきます。

### 登録項目４：ストア情報

　ストア名は、商品のブランド名とは異なり、あなたの店舗を表す名前です。○○ショップや○○ストアなど、お店だということがわ

かりやすい名称にするとよいでしょう。

　ストア名に続く2つの質問「商品に UPC/EAN/JAN コードはついていますか?」と「Amazon で出品を希望する商品のメーカーまたはブランド所有者（あるいはブランドの代理店や代表者）ですか?」に対しては、いずれも「はい」を選びます。

### 登録項目5：本人確認書類

　事前に準備した本人確認書類をスマートフォンなどで写真に撮り、データでアップロードします。以上を登録すると Amazon による審査が始まり、結果は3営業日ほどでメールアドレスへ届きます。

## 3　JANコード申請

### ● JAN コードを申請しよう

　大口出品の登録が完了して審査に通過しても、すぐに新規商品の出品ができるわけではありません。初めて商品登録を行うにあたり、JAN コードの取得が必要となります。正確には JAN コードがなくとも「ブランド登録」によってブランドとして Amazon に認められれば出品は可能となります。

　ただしブランド登録よりも JAN コードを取得した方がはるかに簡単なので、JAN コードの取得をすることをおすすめします。

### ● JAN コードとはバーコードのこと

　JAN コードとは、GS1 事業者コードの1つで、商品やサービス

を識別するのに用いられている13桁の数字です。同じコードを持つ商品が出てきては商品の識別ができませんから、JANコードとして一般財団法人流通システム管理センターが管理・提供しています。

　JANコードは日本国内での呼び方で、海外ではEANコードと呼ばれます。JANは「Japan Article Number」、EANは「Europe Article Number」の略です。

　登録申請は、一般財団法人流通システム管理センターのホームページ上から可能です。トップページの「GS1事業者コードの登録申請はこちらから」から登録申請を行いましょう。こちらのホームページはインターネットで「JANコード」と検索することでも簡単に見つけることができます。

　登録区分は区分Ⅰと区分Ⅱの2つがあります。中国輸入ビジネスは、「自社商品の販売事業」に該当するので、区分Ⅰとなります。

# 4　Amazonへの新規出品

## ●新規商品として出品しよう

　Amazonに商品ページを新たにつくって商品を登録することを、「新規出品」と言います。新規出品は、セラーセントラルから行います。

　セラーセントラルとは、販売者アカウントでログインしたときに表示される販売管理画面のことです。セラーセントラルのメニュータブにある「在庫」から「商品登録」を選ぶと、商品登録のページが表示されます。

　「Amazonのカタログになかった場合」の欄に「商品を新規に登録する」を選ぶと商品ページの各項目の設定ができます。

## ●初めての自分ブランド商品の登録時にやること

自分ブランドの商品を Amazon に初めて出品する際に、Amazon から通称「エラーコード 5665」と呼ばれている審査が入ります。

商品にブランドの印字がされているか、タグがついているか、商品パッケージにブランド名が恒久的な方法で印字されているかなど、第 4 章にてお伝えした Amazon の規約が順守されているかがチェックされます。

問題があった場合は指摘された箇所を修正して再申請すれば大丈夫です。1 回審査を通れば、2 回目の商品登録からは審査は不要となります。

## ●商品カテゴリーを選ぶ

商品カテゴリーはその商品にとって適切なものを選びます。実用性を無視した「巨大えんぴつ」などは文房具ではなくおもちゃのカテゴリーを選ぶなど、その商品ごとに適切なカテゴリーを考えて選びましょう。結果的に、他の売れている類似商品と同じ商品カテゴリーを選ぶことになります。

不適切な商品カテゴリーを選ぶと、Amazon から修正されますので、正しい商品カテゴリーを選択しましょう。

## ●重要情報はしっかり確認して記入しよう

商品カテゴリーの次は、重要情報の記入です。重要情報のはじめの 4 項目が、「型版」「商品名」「メーカー名」「ブランド名」です。その後には「パッケージ商品数」「商品の表示寸法」「商品の重量」「カラー」「サイズ」「素材」などを必要に応じて記載します。

最後に「販売形態」「JAN コード」を記載して重要情報の記入は終了です。

## ●メーカー型番は自分で決める

　商品カテゴリーによっては、メーカー型番の入力が必須です。自分のオリジナルブランドで商品を販売するので、メーカー型番は自分自身で決めることになります。

　メーカー型番はお客様にも公開される情報です。そのためメーカー型番には輸入日や仕入値など、お客様に関係のない情報は入れずに、商品の分類や特徴を元に作ります。

## ●商品名

　商品名は、Amazonでお客様が商品を探す際に、検索バーに欲しい商品のキーワードを入力して目的の商品へ辿り着きます。そのため商品を見つけやすいキーワードをつけることが大切です。

　商品名の先頭には、ブランド名を記入します。次に「ハンドバッグ」や「トレンチコート」といった、その商品を一言で表す、いわゆる一般名称を商品名に記入しましょう。

　Amazonのトップページにある検索バーに、商品名として使用する一般名称を入力すると、さらなる検索キーワードの候補が自動的に表示されます。この検索を支援する機能を「Amazonサジェスト」と言います。

　このAmazonサジェストを使うと、どのキーワードでお客様が頻繁に検索をしているかがわかるため、自分の商品と関連性の高いキーワードは商品名に追加しましょう。商品名を「ハンドバッグ」とするだけでなく、「レディース」「本革」「ブラック」といった商品を細かく説明するキーワードも追加することで、お客様が検索するときに自分の商品が見つかりやすくなります。

　商品タイトルには文字数制限がありますので、記入しきれなかったキーワードも出てくるはずです。別項目としてキーワードを入力

する項目がありますので、メモをして取っておきましょう。

## ●出品情報で出品者 SKU を設定しよう

　重要情報の次は、出品情報です。必須入力の項目の「コンディション」は新品、「販売価格」には価格を入力し、「出荷方法」で FBA を利用する場合は「FBA 在庫」を選びましょう。

　任意入力の出品者 SKU とは、商品を管理するために付与することができる商品管理番号です。メーカー型番は商品名に記載する必要があるため目立ちますが、出品者 SKU は商品ページには記載されません。30 文字以内という制限はありますが、制限いっぱいに設定しても問題ありません。

　おすすめは「商品名」「発注日」「仕入値」の 3 つを元に作成する方法です。

　例えば 2022 年 4 月 1 日に T シャツ（ブルー、M サイズ、原価 30 元）を発注するとしましょう。出品者 SKU のはじめに T シャツを示す「Tshirt」をつけます。そのあと輸入日を元に「220401」を追加します。更にブルー、M サイズ、30 元の「blue-M-30」を追加すると、「Tshirt-220401-blue-M-30」という出品者 SKU ができました。

　このように出品者 SKU に様々な情報を含めておくことで、管理ページでの商品の並び順が見やすくなります。

　また「仕入値」も含めておくことで、商品が売れた際に自然と仕入値が確認できるため、粗利益を確認することができ便利となります。

　円ではなく元で価格を入れるのは、アリババでの仕入時の価格変動に気づきやすくするためです。元で入れておくことで円との為替レートが変動しても、アリババでの仕入値に影響しませんので、管理がしやすくなります。

## ●メイン画像の背景は「純粋な白」にする

　Amazon の商品ページには、商品ページに大きく表示されるメイン画像とは別に、サブ画像も追加で掲載することができます。メイン画像は、背景が「純粋な白」である必要があります。

　純粋な白の背景は、背景色をデジタル処理して、RGB 値で (255,255,255) にすることで作成できます。RGB 値とは、画像処理ソフトで色を指定する際に数値で色を指定するための方法です。

　画像の背景色の見た目が真っ白でも、RGB 値では (255,255,255) になっていない可能性があります。必ず画像処理するのが安全です。

　商品本体以外にモデルや商品以外の物などが映るのもＮＧです。モデルが商品を持った画像はサブ画像として利用しましょう。

## ●文字、ロゴ、透かし、商品以外の画像が含まれていないこと

　アリババに掲載されている商品画像には、工場の名前が画像そのものに上書きされていることがあります。このような画像自体に文字、ロゴ、透かしなどを上書きしたような画像は Amazon の商品ページのメイン画像では認められません。

　文字などが書かれていない画像を選ぶか、画像加工により文字を消しましょう。

## ●画像の解像度は 1,000 ピクセル以上にする

　メイン画像には解像度が大きい画像を使うことで、お客様はズーム機能を用いて商品画像を拡大して見ることができます。

　このズーム機能を用いることで、お客様は商品を手に取って確認しているような感覚を得ることができ、商品が売れやすくなります。画像の縦もしくは横の大きさのどちらかの解像度が 1,000 ピクセル以上になるようにしましょう。

## ●画像加工は自分でも簡単にできる

切り抜きや背景色の変更は、外注の方に安価でお願いすることもできますし、画像処理ソフトを用いて自分で画像加工を行うということもそれほど難しいことではありません。

Windows が提供している office ソフトの1つである「Word」の2010 バージョン以降には、「背景の削除」という機能があります。

ほかにも図表 30 に示す「Clipping Magic」というオンラインサービスを用いると、1枚約 30 円で画像加工ができます。

**【図表 30：Clipping Magic（https://ja.clippingmagic.com/）】**

## ●サブ画像は多ければ多いほどよい

サブ画像は8枚まで追加登録することができます。サブ画像には、背景が白である必要も、商品本体のみの画像である必要もありません。商品を別角度から見た画像を掲載したり、商品のアピールポイントである一部分のみを拡大した画像を掲載したり、モデルが実際に使用している様々なシーンの画像を掲載することも可能です。

商品本体に自分ブランド名が印字されていることがわかる画像を掲載することで、他の出品者からの相乗り出品防止の抑止力にもなるでしょう。

他にも独自に作成したパッケージ、付属品や説明書などの画像を

登録することで、ノーブランド商品を中国から仕入れてそのまま転売しているライバルの類似品の商品ページとの差別化ができます。

　ライバルの商品ページよりも、商品情報、購入するメリットや付加価値を伝えましょう。お客様が安心して購入できる商品画像を掲載することが大切です。

### ●説明には「仕様」と「説明文」を記入する

　説明の項目には、「商品の仕様」と「商品説明文」の２つの項目があります。タイトルや画像からだけではわかりづらい商品の特徴や機能性などを記載することが可能です。

　商品そのものの情報以外にも、「この商品を使うことで購入者にどんなメリットがあり、どんな未来が手に入るのか」を書くことで、商品の購入を促すことができます。

　「商品の仕様」と「商品説明文」の内容は重複しますが、箇条書きで書くのが「商品の仕様」の欄で、文章として書くのが「商品説明文」だと考えておけばよいでしょう。

　先に表示されるのが箇条書きで書く「商品の仕様」で、商品の詳細情報のあとに表示されるのが「商品説明文」です。類似商品がどのようなことを書いているのかを参考にしながら、実際に Amazon の商品ページで表示される位置をイメージして書きましょう。

　なお、商品画像で伝えているアピールポイントと、商品仕様や商品説明で伝えているアピールポイントが重複してもかまいません。一度書いたからといって、お客様へ伝わっているとは限りません。

　アピールポイントは繰り返し何度も、お客様へ伝えましょう。

### ●キーワード

　説明の次の項目が「キーワード」です。ここには、商品名に記入

しきれなかった、商品と関係性の強いキーワードを入力しましょう。Amazonサジェストを使って出てきたキーワードを用いる他、Googleサジェストの機能も利用するとよいでしょう。Googleサジェストも、Amazonサジェスト同様に、Googleの検索バーにキーワードを入力することで、関連するキーワードが表示されます。

　自分自身でキーワードを考える場合、「この商品を購入する見込客は、他にどんな商品を購入するか?」と考えてみましょう。

　例えば一人用テントを販売する場合、見込客はキャンプをするわけですから、キーワードにもキャンプと入れましょう。そして、他にどんな商品を購入する可能性が高いかを考えます。マット、ストーブ、コンロ、折り畳みチェアなど、関連商品のキーワードも入力します。英語表記で「tent」や「camp」と書くのも有効です。

## ●商品紹介コンテンツ

　商品ページの商品説明欄の中に大小様々な画像を文章と組み合わせて掲載できるのが商品紹介コンテンツです。事前に用意されたテンプレートを選んで画像と文章を設定するだけで、ホームページ作成の専門知識がなくても、簡単に商品の魅力をお客様にアピールすることができます。

## ●スポンサープロダクト広告

　Amazon内の検索バーで商品を検索すると、販売実績のある商品が検索結果の上部に優先的に表示されます。そのため販売開始直後の実績が少ない商品は、お客様に見つけてもらいにくいです。そこで重要なのが、スポンサープロダクト広告です。

　関連性の高い単語の検索結果ページに、優先的に商品を掲載できます。掲載された商品をお客様がクリックして、商品ページに入る

と広告費が加算されます。クリックされなければ課金されませんし、商品ごとに広告の上限金額を設定できるので、非常に効果の高い広告と言えます。

　1クリックあたりの単価や、表示させる検索キーワードなどを工夫していくことで、広告費に対する販売数が伸びていきます。ある程度販売数が伸びると、広告を使わなくても売上が立つようになっていきます。スポンサー広告に関しては、初心者はまずはオート設定でスタートするとよいでしょう。マニュアル設定については、読者プレゼントで解説しますので、登録することをオススメします。

## 5　FBA 納品手続

### ●初心者こそ FBA を使おう

　FBA とは「フルフィルメント by Amazon」の略で、商品が売れるたびに、Amazon が販売者に代わって商品を梱包し、購入者へ商品を配送してくれます。商品ページに「出荷元　Amazon」と書かれていたら、FBA を利用している販売者ということです。

　次の項目で FBA を使うメリットをご説明します。

### メリット①：商品ページに Prime マークがつく

　FBA を利用することで、商品ページには Prime マークが表示され、Amazon からお墨付きを得ているような安心感をお客様に与えることができます。実際、商品の梱包および配送は Amazon が迅速に行ってくれるわけですから、お客様は満足度の高い購入体験をすることになります。結果としてあなたの「自分ブランド商品」の価値

をAmazonの力で高めることにもつながります。

## メリット②：作業が減って楽になる

FBAを利用することで、商品が売れるたびに急いで自分で梱包したり、配送業者を呼んだりといった雑務がなくなります。リサーチやオリジナル化といった、あなたにしかできない業務に集中して、効率よく売上をのばしていきましょう。

## メリット③：家に商品在庫を抱えずにすむ

家に商品在庫を置いておく必要がありませんので、部屋にスペースがなくても大丈夫です。在庫数の管理もすべてAmazonが行ってくれますので、在庫の数え間違いによって、手元にない商品を誤って販売してしまうリスクもなくなります。

## メリット④：きれいに梱包される

梱包がきれいかどうかは、買い物における重要な要素の1つです。下手に梱包してしまうとクレームの元となります。Amazonがあなたの代わりに、商品が壊れないように、そしてきれいに梱包してくれます。自己発送の場合は、梱包方法を間違えることで商品が壊れてしまうリスクがありますので、FBAで発送することによって輸送中の商品破損のリスクを減らしているとも言えます。

## メリット⑤：配送スピードが速くなる

Amazonに梱包と発送を委託することで、迅速・丁寧に商品がお客様へ配達されますので、高い満足度が得られ、結果的にあなたの自分ブランドに対して感じる評価も上がります。

FBAを利用することで、「当日お急ぎ便」や「お急ぎ便」をお客

様は選択することができるようになるため、自己発送では取り逃がしてしまう、お急ぎのお客様を取り込むことができるのです。

## メリット⑥：包装コストの削減

　自分で商品を発送する場合は、注文ごとに発送用の段ボールなどを用意する必要があります。商品に対して適切な大きさの段ボールを選ばないと送料がかさんだり、輸送中の商品の破損につながったりします。しかし商品のサイズ別に段ボールを取り揃えるとコストがかさみます。段ボールの在庫を切らさないように家には常に段ボールのストックを置いておく必要も出てきます。

　FBA を利用することで、Amazon が商品の大きさに合わせて適切な段ボールを使って配送してくれます。

## メリット⑦：日本全国、同じ配送代行手数料で送れる

　自己発送の場合、お客様の住所が自分の住所から遠方になればなるほど、送料が増していきます。例えば出品者が東京に住んでいる場合、沖縄への送料は高く設定せざるを得ません。ところが出品者が FBA を使うことで、送料はほとんど同一料金となります。

　2020 年 5 月 1 日に改訂された配送料の料金体系では、お客様の商品購入代金の合計が 2,000 円以上で、配送先が国内の場合、全国一律でお客様の送料負担はなく、無料です。商品購入代金の合計が 1,999 円以下の場合は、本州・四国が 410 円、北海道・九州・沖縄・離島が 450 円です。

　お急ぎ便、お届け日時指定便、当日お届け日時指定便などの配送オプションは 100 円から 200 円の追加料金がかかります。しかし、お客様がプライム会員に入会している場合には、どんな配送方法を選んでも送料は無料です。このように、出品者が FBA を利用する

ことで、お客様に対して「送料が安くてお得で早く着く」という印象を持たせることが可能となるわけです。

## メリット⑧：カスタマーサービスを代行してくれる

　年末年始やお盆など、自己発送ならばどうしても即対応できない期間がでてくるでしょう。しかし FBA を利用すれば、24 時間 365日、いつでも注文及び発送手続をしてくれます。

　返品やクレームなどの対応もしてくれるため、まるで自動販売機のように Amazon を使って商品を販売することができるのです。

## ● FBA で商品を販売するには「Amazon から出荷」に設定

　FBA を利用するには、商品を出品後に FBA 在庫への切り替えが必要です。セラーセントラルの在庫管理画面から、切り替えたい商品のチェックボックスにチェックを入れましょう。商品一覧の上にある一括変更ボタンを押すと「Amazon から出荷」の選択ができます。

## ●納品手続を進めていくと、出荷準備が完了する

　FBA 在庫に切り替えると、「納品手続に進む」というボタンが出てきます。「発送元」「梱包タイプ」「送付数量」を入力していくと、「商品ラベル」の印刷ボタンが出てきます。A4 サイズの印刷台紙を用意して、プリンターで印刷しましょう。

　このラベルは、商品ごとに貼られるラベルです。自分で貼ることもできますし、Amazon 側に依頼することもできます。「ラベル貼りつけを自分で行うか」「配送業者」「箱サイズ」「箱重量」などを入力すると、段ボールに貼る「配送ラベル」の印刷ができるようになります。発送後、配送業者の伝票にあるお問い合わせ番号を入力して、納品手続は完了です。

# 6　インターネット回線は、自分専用のものを使おう

## ●最大のリスクは「Amazon のアカウント停止」

　中国輸入ビジネスを行うにあたり、最大のリスクは Amazon アカウントの利用停止です。規約違反、違法商品の販売、商品の未発送などをしなければ、基本的にはアカウントは停止されません。

　しかし自分がそのようなことをしなかったとしても、同じインターネット回線や同じパソコンを使っている他人が、別のアカウントで規約違反や問題を起こした場合、巻き添えとなってあなたのアカウントまでもが利用停止となる場合があります。

　つまりホテルやシェアハウスやネットカフェなどの、他者も使うようなパソコンやインターネット回線につないだ状態で Amazon にログインしてしまうと、あなたと他者の Amazon アカウントが紐づけられてしまう危険性があるというわけです。

## ●あなたの Amazon アカウント自体が資産になる

　解決策は、決して人に貸さないポケット Wi-Fi を1つ契約することです。スマートフォンのテザリング機能を使う方法もあります。もちろん他人とのシェアは厳禁です。

　また、Amazon のパスワードをハッキングされてしまうと、アカウントを乗っ取られます。最悪の場合、登録メールアドレスも変更され、まったくアクセスできなくなってしまいます。

　ログインは二段階認証を導入し、パスワードは他のサービスとの併用は絶対にやめましょう。ブラウザへの保存も危険です。セキュリティソフトは有料のものを利用するのがよいでしょう。

# 第7章

# オリジナル商品で売上を
# 伸ばそう！

# 1　自分ブランドでオリジナル商品をつくろう

## ●オリジナル商品で売上をさらに拡大しよう

　自分ブランドの商品をいくつも取り扱うようになると、当然ですが一番の稼ぎ頭の商品がわかるようになります。その稼ぎ頭となった商品のことを、私は「エース商品」と呼んでいます。

　さらに中国輸入ビジネスに本腰を入れるならば、次なるステップはエース商品を元に新たなオリジナル商品をつくることです。

　もちろん、売上が伸び悩む商品ページにテコ入れし、稼げる商品になるように育てることも大切です。しかしライバルの商品ページも同様に対策をしてきた場合、その戦いに終わりはありません。

　それよりは、エース商品を元に、新しいエース商品を生み出し育てていくほうが、費用対効果が高く、労力は少なく済みます。それがこの章でお伝えする「オリジナル商品づくり」です。

## ●オリジナル商品は、中国に行かなくてもつくれる！

　オリジナル商品をつくるというと、工場のある中国の現地に行かなくてはつくれないという思い込みを持った方が多くいます。たしかに中国に行くことでしかできないことはありますが、日本にいながらでも十分に可能です。

　第4章では自分ブランド商品を作る3つの方法のうち、1つ目をお伝えしました。本章では、自分ブランド商品をつくる2つ目と3つ目の方法である「オリジナル商品づくり」をお伝えします。

　まずは「日本ではオリジナル商品をつくれない」と思い込んでいるライバルセラーたちの一歩先へと踏み出しましょう。

# 2　日本にいながらオリジナル商品をつくる

## ●オリジナル商品づくりを頼むのは工場直営店にしよう

では、日本にいながらにしてどのように依頼先の工場を見つけるのか。それは、いつもあなたが商品を発注している、仕入先のアリババの店舗に依頼すればいいのです。品質の確認がすでにできているので、安心して製造を依頼することができます。

ただし、オリジナル商品づくりを行う上では、依頼する店舗が工場直営店かどうかを確認しましょう。工場直営店でない場合、間に入っている販売店にもマージンを支払うことになります。輸入代行業者を通じて、工場直営店かどうかを確認してから依頼しましょう。

もし仕入先のアリババの店舗が工場直営店でなかった場合は、同じ商品を製造している別工場をアリババで探しましょう。

同じ商品がない場合は類似商品を製造している工場でも構いません。オリジナル商品づくりは工場直営店で行いましょう。

## ●輸入代行業者を通じて、工場と取引できる

工場にオリジナル商品を依頼するとなると、長い文章を書いてメールするとイメージを持っている方が多いかと思います。

しかし、それでは中国語に翻訳するだけでも大変な労力がかかってしまいます。そこで言葉をなるべく減らすために、依頼する際には「画像」を活用しましょう。

「○○は、この画像のこの部分と同じようにしてください」と画像自体に指示内容を記入して輸入代行業者に伝えれば、輸入代行業者が中国語に翻訳して、あなたの代わりに工場に伝えてくれます。

# 3　オリジナル商品づくりの2パターン

## ●まずは「バージョンアップ」から始めよう

　オリジナル商品づくりには、大きく分けて2つのパターンがあります。1つ目は、元々ある商品に対し新しい色やサイズ、機能などをつけ加える「バージョンアップ」です。これでライバルと「価格」ではなく「商品価値」で戦えるようになります。

　2つ目は、まったくのゼロから新しい商品を生み出すことです。これを私は「フルオリジナル」と呼んでいます。フルオリジナルはどんな時期にどんな商品を売ると稼げるのかが予想できるようになってきた中級者以上におすすめの方法です。

　バージョンアップには、次の3つの方法があります。

## ●バージョンアップその1：色やサイズを増やす

　「バージョンアップ」でもっとも簡単なのが、色やサイズを増やすことです。類似商品の色やサイズ別の売上を調べることで、どの色やサイズから増やしたほうがいいかの判断もできるでしょう。

　依頼先は、既存商品の仕入先工場です。輸入代行業者を通じて、色やサイズを指定してサンプル品の作成を依頼しましょう。指定する際の注意事項は、「4　工場への依頼方法」で紹介します。

## ●バージョンアップその2：素材を変える

　商品の素材を変えるだけで、全く新しい商品となることもあります。例えば撥水機能のある素材に変更するなど、アパレルでは「生地見本がほしい」と依頼するだけで様々な色や素材の生地を選ぶこ

とができます。もし希望の生地がある場合は、自分のイメージに近い生地を中国に郵送するのが確実です。

## ●バージョンアップその3：機能を改善する

　商品がどんどん売れるようになると、Amazonの商品ページ内に商品レビューがたくさん書かれるようになってきます。元々、評価の低い商品は商品リサーチの段階で避けているわけですから、そこまで悪いレビューはつかないはずです。

　ですが、基本的に中国の商品は「安さ」を追求してつくられているものです。

　「耐久性がなく、半年たたないうちに壊れてしまった」

　「カバンに防水性がなく、雨で中の荷物が濡れてしまった」

　このように長期間使用すると、商品の弱いところが浮き彫りになる場合があります。このように見えてきた商品機能の「弱点」を改善するのが3つ目の方法です。

　機能改善については、1回のサンプル発注で成功させようとするのではなく、何度かのやり取りが必要になることを想定しましょう。いくつかの機能改善を行いたい場合は、一気にすべてを依頼するのではなく、より簡単な機能改善から先に順番に依頼します。

　例えば、バッグに1つだけついているポケットのジッパーを2つに増やす、というものが簡単な機能改善の1つです。

## ●バージョンアップその4：品質を改善する

　中国の工場と長く取引していると、いつのまにか商品の品質が落ちてしまうことがあります。品質が落ちるとお客様から悪い商品レビューが入ってしまいますから、対策が必要です。

　輸入代行業者を通じて工場にクレームを伝えることで改善するこ

ともありますが、「以前と何も変わっていない」と工場から対応を拒否されることがあります。その場合は製造工場を変えることが得策です。


### ●フルオリジナルで新しい商品を生み出す

　バージョンアップによるオリジナル商品づくりに慣れてきたら、フルオリジナルにも挑戦しましょう。既存商品の一部を変えるのではなく、ゼロから新たな商品を生み出すのが「フルオリジナル」です。

　形、素材、機能などを1つずつすべてあなたが決めることで、新しい商品が世に生み出されます。

　機能を改善する中でフルオリジナルになる場合もありますし、ライバル商品のいいとこどりをすることでフルオリジナルとなる場合もあります。まだこの世にない新商品を生み出すわけですから、自分の予想以上にたくさん売れる可能性を秘めています。

　扱いやすい布地を使ったアパレル商品や、デザイン次第でいくらでも商品を増やせるアクセサリー商品は「フルオリジナル」がしやすいと言えます。ただし、大切なのは「つくりやすいか」よりも「売れそうか」ということです。

　「これをつくれば売れそうだぞ」というアイデアがないのであれば、バージョンアップで確実に稼いでいきましょう。

　あなたも中国輸入ビジネスをはじめ、2回、3回と仕入れていく中で、多くの商品数をリサーチすることになります。

　商品ページや売上データを見ていく中で、どんな商品が売れ、どんな商品が売れないのかという膨大な経験をしていくわけです。その経験の中で、自然と「こんな商品があったら売れるのでは？」というアイデアが生まれてくることでしょう。

# 4 工場への依頼方法

### ●工場への依頼は4ステップで行う

バージョンアップのオリジナル商品づくりは、（1）商品仕様を伝える、（2）取引条件を聞く、（3）サンプルを発注する、（4）本発注する、の4ステップで行います。

複雑なバージョンアップや、フルオリジナルの商品づくりの場合は、（2）と（3）の工程が逆になることがあります。サンプル商品が完成しないと仕様の詳細が決まらず、取引条件が明確にならないからです。

ステップごとにそれぞれコツがありますので1つずつ説明していきましょう。

### ●ステップ1：商品仕様を伝える

色、サイズ、素材、デザインなどの商品仕様を伝えるには、元々取引している商品の現物を元に説明するのがベストです。そのため、バージョンアップによるオリジナル商品づくりから始めるのが、初心者にとって適していると言えます。

### ・色の指定はカラーチャートを用いる

工場はサンプル商品をなるべく安く制作しようとしますから、余った生地や安い素材などを使われてしまうリスクがあります。「青色」と色を指定するだけでは、「濃紺」や「水色」で作成されてしまう可能性があるということです。そこで色の指定においては、色見本であるカラーチャートで具体的に指定することが大切です。

　世界共通のカラーチャートとして最も用いられているのが、アメリカのパントン社の「PANTONE」です。例えば、青色であれば「2126C」などと指定するだけで、イメージ通りの青色を伝えることができます。

　インターネットやアプリでPANTONEの色を調べることもできますが、モニター画面の種類や光の強さなどで色味が変わります。実際に紙に印刷された色見本を使うほうが安全です。

　問題は価格です。最新の色が加わった最新版のPANTONEは高額ですが、旧型はセールやヤフオク等で割安な価格で手に入ります。


## ・サイズの指定は、必ずしも図面を引く必要はない

　商品サイズを増やす「バージョンアップ」や、商品の形状をゼロから指定する「フルオリジナル」の場合、細かい寸法を指定する必要があります。そこで理想は図面を引くことですが、必ずしも図面が必要なわけではありません。

　参考となる別商品をサイズやデザインのサンプルとして、中国の生産工場へ郵送すればいいのです。そうすれば、工場が別商品を参考にサンプルをつくってくれます。

　ただし、それでも少し小さいサイズやデザインが微妙に異なるサンプル商品ができあがることがあります。そこで「画像＋言葉」で注意点を細かくしつこく伝えることが重要です。

　輸入代行業者の方に、日本語で画像を使ってサイズや形を伝え、工場に伝えてもらうのです。


## ・デザインは画像に直接指示内容を書き込む

　例えばバッグのチャックを1つから2つに増やす場合には、すでに取引している商品を指定して「このチャックを2つにしたい」と

伝えます。チャック以外については、まったく同じサイズと同じ生地とデザインで作成してほしいとも伝えることで、その他の商品仕様を変えられてしまうことがなくなります。

　チャックの位置も、指示内容を画像に直接書き込みましょう。小学校6年生でも理解できるくらいのわかりやすい伝え方を意識するとよいでしょう。

　このように、すでに取引している商品の現物を元に伝えることで、依頼内容がより正確に伝わります。


## ●ステップ2：取引条件を確認しよう

　オリジナル商品を工場に本発注するということは、あなたのためだけに工場の生産ラインを動かすことになります。工場によって作業員の人数、商品製造に必要な機械の数などの規模や生産力は異なります。

　初めの段階で、「価格」「MOQ」「納期」の3つを必ず確認しておきましょう。MOQとは、「Minimum Order Quantity」の略で、注文を受けてくれる最小個数を意味します。日本では「最小ロット」とも呼ばれます。


### ・納期はしっかりと確認する

　「依頼した商品がいつできるのか」を発注前に確認しないと納期が大幅に遅れることがあります。サンプル作成の段階で納期についても必ず確認しましょう。

　例えば、納期が1か月後だとしたら、ただ1か月間待っているのではなくて、納期の1週間前には工場側へ進捗状況を確認する連絡をしましょう。

　工場側もこちらの発注だけを請け負っているわけではないので、

きちんとリマインドすることが大切です。


**・初期投資を下げる「マル秘・交渉テクニック」**

　オリジナル商品づくりは、工場が生産している既存商品に比べて、MOQがどうしても多くなります。しかし交渉次第では、MOQを大幅に少なくすることができます。必ず交渉してからサンプルを発注しましょう。

　例えば、既存商品のTシャツの色を増やす依頼をしたとしましょう。既存商品にはない、赤・白・黄の3色を生産してほしいという内容です。すると工場側は、MOQは「各色100着」と提示してきました。「赤100着、白100着、黄100着の合計300着だったらつくるよ」というわけです。

　このような場合は、まず「3色合計で100着は可能か？」と聞いてみましょう。もし断られても、「3色合計で150着ならどうか？」と食い下がります。このように具体的に交渉することで、こちらが本気で発注を検討していて、決して冷やかしではないということが相手へ伝わります。

　「3色合計150着でいいよ」と言われたら、さらに交渉を続けます。合わせて150着と言われると「赤50、白50、黄50」だと考えがちです。しかし売れやすい人気色は大量生産して、売れなそうな色は少量生産した方が、こちらにメリットがあります。そこで「赤30、白100、黄20の合計150着でもいいか？」とさらに具体的に聞いていきましょう。

　くれぐれも「赤30、白100、黄20でいいか？」などと交渉の最初の段階からいきなり聞かないことです。交渉は大枠から初めて、徐々に具体化していく。それによって、工場側も妥協点を探ってくれるようになります。

・サンプル作成時の料金は、返ってくるか確認しよう

交渉が終わったら、取引条件の最終確認をしましょう。その際、本発注の見積もりにサンプル作成時の料金を含むかどうかも確認します。

アパートを借りるときに敷金のように、サンプル商品の制作費用は、本発注の際に返ってくる場合があります。忘れずに確認をするようにしましょう。


## ●ステップ３：サンプルを発注する

取引条件が決まったら、サンプル商品を工場に発注します。輸入代行業者を通じて、日本にサンプル商品を送ってもらいましょう。

届いたら、実際にユーザーの立場に立って商品を使ってみます。自分で使ってみることで「やっぱりこうしておいたほうがよいだろう」というようなさらなる改善点に気づくこともあります。

イメージと違う部分があれば、たとえ商品がオーダー通りにつくられていたとしても、遠慮なく仕様の変更を工場に伝えます。

サンプル作成は１度で終わらせる必要はありません。満足のいくサンプルができあがるまで、２度、３度と繰り返し指示していきましょう。


## ●ステップ４：本発注する

満足のいくサンプル商品ができあがったら、本オーダーを行います。その際、改めて商品仕様と取引条件を最終確認します。

仕様の変更により、見積もりが変更となることもよくあります。

見積もりを最終確認したうえで、商品仕様を改めてしっかりと伝えて本発注を行いましょう。

# 5　中国現地に行ってオリジナル商品をつくる

## ●中国現地に行くことで、さらにライバルに差をつける

　新型コロナウイルスの影響で、中国に渡航したくてもできない状況が生まれました。現地の中国人ですら地域ごとに危険区域が指定され、自由な移動が制限されている状況です。

　しかし中国現地においてアリババには出店していない工場とのつながりをつくったり、工場直営のアンテナショップに置いてあるサンプル商品を直に手に取って確認できたりすることは、中国現地に行くからこそできるメリットです。

　もし中国現地への渡航が可能となったら、それはさらに大きく稼ぐチャンスです。チャンスが来たときにすぐに動けるよう、まずは中国現地に行くことのメリットを把握しておきましょう。

### メリット①／依頼したい工場を見つけやすい

　中国には、1つのエリアに100を超える工場直営のアンテナショップが集まった「卸市場」がいくつもあります。この卸市場に行くことで、工場に直接オリジナル商品の製造依頼を行えます。

　「卸市場」には工場直営のアンテナショップがひしめき合っていますから、複数の工場同士の品質や値段を簡単に比較できます。

### メリット②／交渉スピードが速い

　オリジナル商品の元となる参考商品を現地へ持参することで、工場側で製造が可能かどうかをその場ですぐに確認できます。様々な素材や生地見本などを見て綿密な打合せをしながら、自分がつくり

たいオリジナル商品のサンプルを、たった1日で依頼できてしまうスピード感も大きなメリットの1つだと言えるでしょう。

## メリット③／限定販売の商品を仕入れられる

中国では他社工場が製造している売れ筋商品を、コピーして自社工場でも製造する行為があたりまえのように横行しています。

そのため、他社工場にコピーされることを恐れてアリババ等のECサイトには出店せずに、中国現地の卸市場でのみ商品を販売している工場もたくさんあります。

つまりアリババで販売されていない商品を中国現地で仕入れるだけで、アリババからのみ商品を仕入れている他のライバルセラーと差別化することができるのです。

## メリット④／扱っていない商品のバージョンアップもできる

日本にいながらのオリジナル商品づくりでは、まずは販売実績のあるエース商品についてバージョンアップをすることで付加価値を付け、売上を伸ばしていきましょうとお伝えしました。

しかし中国現地で仕入れる場合は、まだ販売実績のない商品についても、売れる見込みが高い場合は、最初からいきなりバージョンアップによるオリジナル商品づくりをすることがあります。

中国現地のアンテナショップで商品の品質を直接確認することで、改善点がその場で見える場合があるためです。

## メリット⑤／既存の取り扱い商品の「品質」を上げられる

日本にいながらバージョンアップ商品の製造を検討した場合、アリババで適した工場を探しても見つかりにくいことがあります。中国現地に行くことで候補となる工場が同じ卸市場に多く集まってま

すし、その場で各工場の品質レベルの比較や確認ができるため作業効率もよくなります。

---

# 6　広州市で行うオリジナル商品づくり

---

### ●中国現地でのオリジナル商品づくりは「広州市」で行う

　広大な中国には、各都市に大小さまざまな卸市場が存在しています。その中でも私たちの行う中国輸入ビジネスにおいて、オリジナル商品づくりに適した都市が「広州市」です。

　広州市は中国大陸の南部の広東省に位置する都市で、北京市、上海市と共に中国本土の三大都市に数えられています。

　アパレル、玩具、バッグ、アクセサリー、電子系商品、などの様々な工場がこの広州市の卸市場に直営のアンテナショップを出店しており、広州市に行くだけで複数のジャンルの卸市場を効率よく見て回ることができます。

### ●最低でも3泊4日は必要

　中国現地でオリジナル商品の発注を行うにあたり、1日でしっかり交渉できる商品数は7個できればいいほうでしょう。卸市場の営業時間は基本的に朝9時から夕方の6時までの9時間です。

　工場側との交渉が始まると、トラブルが起きないように詳細なやり取りをするため、意外と時間を消費します。1商品あたり1時間で交渉できたとしても9商品しか交渉できません。

　広州市の中でも商品ジャンルごとに卸市場があるエリアが異なります。各卸市場までの移動時間や、目的の商品を取り扱うお店を見

つけるまでの時間を考えると、1日で交渉できる商品数は更に少なくなります。少なくても丸2日は現地で仕入や交渉に充てる時間をつくることをおすすめします。そのためには3泊4日以上のプランで中国現地へ行くとよいでしょう。

---

# 7　中国に行く前の事前準備

---

## ●事前準備1：オリジナル商品の「ベース」となる商品を決める

　中国の現地でのオリジナル商品づくりを成功させるには、渡航前の事前準備をしっかりと行うことが大切です。何の考えもなしに中国に行っても、膨大な商品サンプルを前にどうしたらいいかわからなくなってしまうことでしょう。

　そこで最も大切な事前準備が、オリジナル商品の「ベース」となる商品を決めておくことです。効率よく回れば1日7商品前後はオリジナル商品づくりを検討できますから、最低でも14商品はベースとなる商品を決めておきましょう。

　すでに取り扱っている商品の中から、特に利益を生みだしている商品について14商品を選んでもよいですし、まだ取り扱っていない商品で利益が大きく見込めるものを選んでも構いません。

　商品リサーチに力を入れて取り組むことで、ベースとなる商品を1つでも多く見つけておきましょう。

## ●事前準備2：商品の「現物」を持っていこう

　中国現地へ行く際に、忘れてはいけないものがあります。それはオリジナル商品を発注する上で参考となる商品の現物です。「これ

と似た商品はありますか？」や「これと同じ生地は扱えますか？」というように、現物があることで、工場のアンテナショップで現物を見せながらの交渉や発注が容易となります。

　基本的には、オリジナル商品のベースとなる14商品について、各3個ずつ用意します。2つは中国現地に持っていくためのもので、もう1つは日本での保管用です。

　中国現地へ持参する2つの商品サンプルは、サンプル作成を依頼する際に工場側へ渡します。サンプル作成を断られたり、あるいは出来上がったサンプル商品の品質が低かったりする場合があるため、サンプル作成の依頼は同時に別々の2つの工場にしましょう。

　中国の工場から完成したサンプルが日本へ届いたら、その商品を日本で保管していた商品と比較します。そのため、1商品につき3個を事前に用意しておく必要があるというわけです。

　画像や雑誌の切り抜きではなく、きちんと商品の現物を中国現地へ持参しましょう。


## ●事前準備3：通訳を輸入代行業者に依頼する

　工場側と話をするには、通訳が必須です。通訳のスキルと同様に大切なのが卸市場のアテンドができることです。広州市に拠点がある輸入代行業者を利用しているならば、卸市場をアテンドのできる通訳の手配をしてくれることでしょう。

　アテンド料金の相場は、アテンドの知識や経験にもよりますが、1日6千円〜1万円程度が目安です。ここはケチらず全日程分の通訳を手配しましょう。


## ●事前準備4：ホテルの手配

　工場のアンテナショップが集まる卸市場の近くに宿泊先のホテル

**【図表 31：広州市の卸市場の最寄り駅一覧】**

| ジャンル | 最寄り駅 |
|---|---|
| 総合衣料・ファッション雑貨・バッグ・雑貨 | 広州駅 |
| 子供服・玩具 | 中山八駅 |
| 玩具・文具・靴・バッグ | 一徳路駅 |
| メガネ | 西門口駅 |
| アクセサリー・インテリア・照明機器・ブライダル | 海珠広場駅 |
| ホテルアメニティ | 南州駅 |
| 生地・服地 | 中大駅 |
| カメラ・パソコン・パソコン周辺機器 | 崗頂駅 |

の予約をすると、効率よく行動できます。

　下記の図表 31 に、卸市場が集まるエリアの最寄り駅をまとめました。新型コロナウイルスの影響で卸市場が縮小している可能性があるため、あくまで参考としてお伝えしておきます。

# 8　アンテナショップの回り方

## ●ホテルのロビーで通訳さんと作戦会議をする

　卸市場を回る 1 日は、ホテルのロビーでアテンドしてくれる通訳さんとの待ち合わせで始まります。合流したら、どういう順番で卸市場を回るかのプランを立てましょう。この際に、紙の地図があれば通訳さんと話しやすいです。

　参考までに卸市場リストを図表 32 に示します。2021 年 10 月 1 日現在の中国現地の最新情報をお伝えします。

## 【図表 32：卸市場リスト】

| No | カテゴリー | 名称 | 住所 | 最寄り駅1 | 最寄り駅2 |
|---|---|---|---|---|---|
| 1 | 玩具、文具、工芸品 | 徳宝交易市場 | 一徳路 190 号 | 海珠广场 | - |
| 2 | 玩具、文具、工芸品 | 中港玩具精品批发城 | 一徳西路 399 号 | 海珠广场 | - |
| 3 | 玩具、文具、工芸品、アクセサリー | 万菱广场 | 解放南路 39 号 | 海珠广场 | - |
| 4 | 工芸品、アクセサリー、帽子、マフラー | 泰康城广场 | 越秀区泰康路 111 号 | 海珠广场 | - |
| 5 | 玩具、文具 | 国际玩具文具精品广场 | 越秀区一徳路 390 号 | 一徳路 | 海珠广场 |
| 6 | 玩具、文具、工芸品、アクセサリー | 新远园精品文具总汇 | 越秀区一徳路 311-313 号 | 一徳路 | 海珠广场 |
| 7 | アクセサリー、帽子、マフラー | 广州万福精品广场 | 越秀区万福路 19 号 | 团一大广场 | 北京路 |
| 8 | アクセサリー | 华南国际小商品城 | 站前路 2 号 | 广州火车站 | 西村 |
| 9 | メガネ、レンズ | 越和（国际）眼镜城 | 光塔中路 322 号 | 一徳路 | 长寿路 |
| 10 | メガネ、レンズ | 广州眼镜城 | 人民中路 260 号 | 一徳路 | 长寿路 |
| 11 | メガネ、レンズ | 信江眼镜城 | 人民中路 250 号 | 一徳路 | 长寿路 |
| 12 | 翡翠、天然石 | 华林玉器专业街 | 荔湾区康王路南华林街 | 长寿路 | - |
| 13 | 翡翠、天然石 | 荔湾广场 | 荔湾区长寿西路 | 长寿路 | - |
| 14 | 携帯、部品、携帯ケース | 南太日用工业品批发市场 | 荔湾区西塲二马路 | 文化公园 | - |
| 15 | 携帯、部品、携帯ケース | 中百勝兴电子城 | 荔湾区西塲二马路 | 文化公园 | - |
| 16 | 化粧品、化粧道具 | 广州美博城 | 白云区广园西路 121 号 | 三元里 | 广州火车站 |
| 17 | 化粧品、化粧道具 | 怡嘉美妆城 | 越秀区广园西路 218 号 | 三元里 | 广州火车站 |
| 18 | インテリア装飾品 | 泰古灯饰城 | 越秀区大南路 2 号 | 公园前 | - |
| 19 | インテリア装飾品 | 通澜装饰材料店 | 越秀区大南路 118 号 | 公园前 | - |
| 20 | インテリア装飾品 | 泰康装饰材料专业街 | 越秀区泰康路 | 公园前 | - |
| 21 | インテリア装飾品 | 广州装饰材料市场 | 荔湾区南岸路 30 号 | 中山八路 | - |
| 22 | インテリア装飾品 | 南北装饰材料市场 | 荔湾区南岸路 17 号 | 中山八路 | - |
| 23 | インテリア装飾品 | 华南国际装饰材料交易市场 | 荔湾区南岸路 44 号 | 中山八路 | - |
| 24 | インテリア装飾品 | 羊城装饰材料市场 | 荔湾区南岸路 20-26 号 | 中山八路 | - |
| 25 | インテリア装飾品 | 广东装饰材料市场 | 荔湾区南岸路 20 号 | 中山八路 | - |
| 26 | スポーツ用品 | 星之光（南部）文体用品市场 | 荔湾区南岸路 44 号 | 中山八路 | - |
| 27 | スポーツ用品 | 华南文体用品交易市场 | 荔湾区南岸路 44 号大院 | 中山八路 | - |
| 28 | 大人服、子供服（低価格） | 万佰服装批发市场 | 天河区先烈东路 143 号 | 沙河顶 | - |
| 29 | 大人服（中間価格） | 站西服装批发城 | 站西路 | 广州火车站 | - |
| 30 | 大人服（中間～高価格） | 白马服装市场 | 站南路 16 号 | 广州火车站 | - |
| 31 | 大人服（中国・高価格） | 流花服装批发市场 | 站南路 | 广州火车站 | - |
| 32 | 大人服（中間～高価格） | 天马服装批发市场 | 站南路 | 广州火车站 | - |
| 33 | 大人服（中間～高価格） | 站西服装批发城 | 站西路 | 广州火车站 | - |
| 34 | 大人服（中間価格） | 金宝时装批发城 | 站西路 | 广州火车站 | - |
| 35 | 大人服（中間価格） | 金碧针织服装批发中心 | 站西路 | 广州火车站 | - |
| 36 | 大人服（中間～高価格） | 红绵步步高时装广场 | 站南路 | 广州火车站 | - |
| 37 | 大人服（中間～高価格） | 新大地服装批发城 | 站前路 108 号 -122 号 | 广州火车站 | - |
| 38 | 下着 | 金祥大厦 | 站前路 193 号 | 广州火车站 | - |
| 39 | 子供服&靴、大人服 | 地一大道 | 站南路 | 广州火车站 | - |
| 40 | 子供服&靴 | 富力儿童世界 | 中山八路 61 号 | 中山八路 | - |
| 41 | 子供服&靴 | 荔湾童装城 | 中山八路 93 号 | 中山八路 | - |
| 42 | 子供服&靴 | 荔湾大厦 | 中山八路 97-101 号 | 中山八路 | - |
| 43 | 結婚式用品、ウエディングドレス | 婚纱街 | 海珠区江南大道北 | 市二宫 | 海珠广场 |
| 44 | ホテル用品 | 南泰百货批发中心 | 海珠区南泰路 168 号 | 江泰路 | - |
| 45 | ホテル用品 | 信基沙溪酒店用品博览城 | 番禺区沙溪大道 11 号 | 沙溪 | - |
| 46 | 衣類 | 新中国大厦 | 十三行路 | 文化公园 | 一徳路 |
| 47 | 衣類生地 | 海印电纺布料总汇 | 越秀区沿江东路 418 号 | 东湖 | 团一大广场 |
| 48 | 衣類生地 | 广州国际轻纺城 | 海珠区金纺路 2 号 | 中大 | - |
| 49 | 衣類生地 | 中大江南纺织城 | 海珠区北七街 13 号 | 江泰路 | - |
| 50 | 衣類生地 | 广州长江国际纺织城 | 海珠区纺织一街与瑞康路交叉路口 | 中大 | - |
| 51 | 靴 | 绣楼鞋业世界 | 越秀区广州起义路 1 号 | 海珠广场 | - |
| 52 | 靴 | 大都市鞋城 | 越秀区三元里大道 165 号 | 三元里 | - |
| 53 | 皮革製品、バッグ | 新东豪商贸城 | 越秀区解放北路梓元岗 | 三元里 | - |
| 54 | 皮革製品、バッグ | 水电综合市场 | 越秀区解放北路梓元岗 | 三元里 | - |
| 55 | 皮革製品、バッグ | 金亿皮具广场 | 越秀区麻站北路梓元岗 | 三元里 | - |
| 56 | 皮革製品、バッグ | 白云世界皮具商贸中心 | 越秀区解放北路 | 三元里 | - |
| 57 | 皮革製品、バッグ | 亿森皮具城 | 越秀区解放北路梓元岗 | 三元里 | - |
| 58 | 皮革製品、バッグ | 荔湾皮具城 | 白云区梓元岗路 2 号 | 广州火车站 | - |
| 59 | 皮革製品、バッグ | 三亿皮具城 | 白云区梓元岗路 17 之 2 号 | 广州火车站 | - |
| 60 | 皮革製品、バッグ | 天马皮具城 | 白云区梓元岗路 51 号 | 广州火车站 | - |
| 61 | 時計 | 站西九龙表行 | 越秀区站西路站北站西路小区西南 | 广州火车站 | - |
| 62 | カメラ、PC、PC周辺機器 | 百脑汇 | 天河区天河路 598 号 | 岗顶 | - |
| 63 | カメラ、PC、PC周辺機器 | 总统数码港 | 天河区天河路 586 号 | 岗顶 | - |
| 64 | カメラ、PC、PC周辺機器 | 南方电脑城 | 天河区天河路 518 号 | 石牌桥 | 岗顶 |
| 65 | カメラ、PC、PC周辺機器 | 天河电脑城 | 天河区天河路 502 号 | 石牌桥 | 岗顶 |
| 66 | カメラ、PC、PC周辺機器 | 颐高数码 | 天河区天河路 490 号 | 石牌桥 | 岗顶 |

新型コロナウイルスの収束により、休業していた店舗が再開していくでしょう。現地の最新情報は随時 LINE でお伝えしています。ぜひ巻末の QR コードから私の公式 LINE アカウントにご登録ください。

## ●気になるお店からショップカードをもらおう

　卸市場についたら、1 つひとつのアンテナショップを端から端までくまなく、見て回ります。気になるお店があったら、「ショップカード（名刺）をください」と言って、お店の情報が書かれたカードをもらいましょう。

　もらったショップカードはその場で、持参したノートにホチキス留めをします。1 ページ 1 ショップとして使い、そのショップにある目当ての商品についてのメモを細かく取ることであとから見返したときにも情報がわかりやすくなります。

## ●ショップカードと商品を一緒に写真を撮る

　探している目当ての商品を見つけたら、日本から持参した商品サンプルと比較して、品質を確認しましょう。品質がよければ、日本でのオリジナル商品づくりと同様に取引条件を確認しましょう。

　このとき聞き出した取引条件は、ショップカードに直接メモするか、名刺をホチキス留めしたノートのページに書き込みます。卸市場ではたくさんのお店や商品を見ることになります。

　どのお店のどの商品の情報かをあとから確認できるように、ショップカードと商品は一緒に一枚の画像に収めましょう。

　このとき聞き出した取引条件は、ショップカードに直接メモするか、名刺をホチキス留めしたノートのページに書き込みます。そしてショップカードと商品は一緒に一枚の画像に収めましょう。卸市場ではたくさんのお店や商品を見ることになります。

どのお店のどの商品の情報かをあとから確認できるようにその場でまとめましょう。

## ●市場で見つけた気になる商品は夜にリサーチ

卸市場を回る中で、気になる商品を見つけたら、取引条件を確認して、商品の写真を撮り、夜ホテルに帰ってからリサーチツールでAmazonでの類似商品の販売実績データを調べます。

利益が出そうならば、翌日、1か月分程度の商品を発注します。店頭のサンプル品で商品の品質をすでに確認しているので、テスト発注は不要です。

アンテナショップに在庫があり、なおかつ日本へ持ち帰れる商品の場合は、その場で商品を受け取り、不良品のチェックを行いましょう。一度店外に持ち出すと、不良品の返品や交換に応じてくれない可能性があるからです。

持ち帰りが難しい、もしくはアンテナショップに在庫がない場合は、商品完成後に、中国にある輸入代行業者の拠点へ郵送してもらいます。細かいやり取りは、輸入代行業者に引き継ぎましょう。

## ●日本人社長が経営する製造工場もある

私が取引している広州の工場には、日本人社長が経営する製造工場もあります。日本語や日本人の常識感覚が通じるため、商品の企画から協力してもらうことができます。

図面を代わりに引いてくれるので、正確なサイズで製造してくれます。まるで日本国内の工場に発注するかのような感覚でやり取りができます。もちろん高品質なオリジナル商品ができあがります。

このような出会いがあるのも、中国現地へ行くからこそです。百聞は一見にしかず、です。中国輸入ビジネスで利益を出したら、ぜ

ひ中国現地に足を運びましょう。インターネットを通じて見ていた中国を自分の目で見ることで、あなたの中国輸入ビジネスの可能性は更に広がることでしょう。

●中国の卸市場の最新情報

　新型コロナウイルスの影響により、中国の卸市場は、ほとんどの店舗が閉店していた時期もありました。現在は7〜8割の店舗が営業しています。私の中国現地のビジネスパートナーが2021年10月に撮影した広州の卸市場の画像を参考までに掲載しておきます。

　写真を見ていただくとわかるとおり、すでに卸市場への人の往来が戻ってきています。

　日本から中国への渡航が可能になる頃には、中国の卸市場はきっとさらに賑わいを取り戻していることでしょう。

　ぜひ中国への渡航を、あなたの未来のスケジュールに入れておきましょう。

【図表33：広州の卸市場「天泓皮具城」（図表32　No.60）】

【図表 34：広州の卸市場「万菱广场」（図表 32　No. 3）】

【図表 35：広州の卸市場「荔湖大厦」（図表 32　No.42）】

# 第8章

# 中国輸入ビジネス成功の
# 10か条

# 1　理想の生活を描こう

## ●稼ぎたい金額を明確にする

　ゴールもなしにただひたすら走り続けるのがつらいのと同じように、中国輸入ビジネスにもゴールが必要です。

　自分がいくら稼げるようになりたいのか、という目標があることで、日々頑張ることができるようになります。

　あなたのゴールが年収 1 億円であれば、そのために行わなければならないことは多くなります。年収 1,000 万円ならば、年収 1 億円の 10 分の 1 の努力で達成できます。本業とは別に副収入として月に 10 万円だけほしい、という程度でしたら、土日の休日のみの実践でも十分に到達可能なゴールです。

　ただし、どのゴールを目指すにしても、行うことはみな同じです。正しい方法で愚直に進めていけば、月収 10 万円、月収 30 万円、月収 50 万円、と収入は増えていきます。あとはどれだけ早く増やせるか、というスピードと規模の違いだけです。

## ●稼ぎたい金額は、理想の生活から逆算する

　一生暮らせるだけの貯金が欲しいのか。まずは今の暮らしを楽にしたいのか。もっと大きな家に住みたいのか。毎週日曜日は家族で外食をしたいのか。毎月 1 回は海外旅行したいのか。高級車を乗りまわしたいのか。

　理想の生活は十人十色です。このように自分の理想の人生を描いたうえで、それを実現するためにどれだけの収入が必要なのを明確にしましょう。

ただただお金を稼ぎたいという漠然とした想いにリアリティが出て、さらにやる気が増してくることでしょう。

## 2　挫折してしまわないよう、悲観的に計画する

●ティッピングポイントを超えるまでが勝負
　理想の人生をベースに得たい収入を設定したら、続いては実際の計画に落とし込んでいきましょう。計画を行う上で注意しなければならないのが、自分のイメージ通りに計画してしまうことです。
　人は得てして、時間をかければかけるほど成果も比例して手に入るとイメージしてしまいます。このイメージと現実との違いを表したのが、次に示す成功曲線です。

【図表36：成功曲線（イメージと現実の違い）】

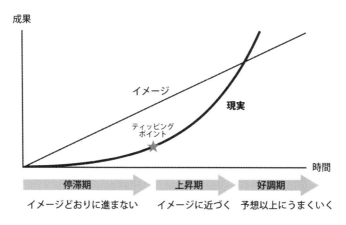

　この成功曲線は、かけた時間に対してどれだけの成果が得られるかを表しています。イメージはかけた時間に対して直線的に上がっていくのに対し、現実は直線ではなく、曲線で徐々に大きくなっていきます。

　そのためスタートしたばかりのころは「停滞期」を迎えます。停滞期にはやればやるほど自分の成功イメージとは大きくかけ離れていきます。そのため挫折してしまう人が最も多いのがこの停滞期です。停滞期を終える目印であるティッピングポイントを超えて、上昇期に突入すると成果が徐々に出てきます。

　まだイメージ通りではないかもしれませんが、売上や利益が増加するため、当初の成功イメージとの大きな差が縮まり始めます。成果が出るのでモチベーションも上がり、停滞期より継続しやすくなるはずです。この上昇期を抜ければイメージ以上にうまくいく「好調期」がやってきます。


## ●計画は悲観的に行う

　自分のイメージ通りに計画してしまうと、停滞期にやる気を失い、ティッピングポイントを抜けることが難しくなります。そこで重要なのが、図表37のように悲観的に計画することです。

　悲観的な計画のほうがイメージよりも現実に近いわけですから、「まだ成果が出なくても大丈夫だ」と挫折せずに継続しやすくなるということです。

　中国輸入ビジネスは短期間で一気に稼ぐギャンブルのようなビジネスではなく、続ければ続けるほど雪だるま式に稼げるようになる堅実なビジネスモデルです。

　長期的に稼ぐことを意識して、まずは悲観的に計画を立てるようにしましょう。

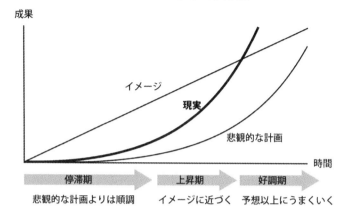

【図表37：悲観的な計画による停滞期と好調期】

成果

イメージ

**現実**

悲観的な計画

時間

停滞期　　　　　上昇期　　　好調期

悲観的な計画よりは順調　　イメージに近づく　予想以上にうまくいく

# 3　何かを得たければ、まず差し出すこと

## ●１万時間の法則

　アメリカの研究者であるエリクソンは、音楽学校でバイオリンを学ぶ学生たちを対象にした研究などを行い、「１つの分野で成功するためには１万時間の投資が必要」という１万時間の法則を提唱しました。

　ただし、この１万時間の法則は、あくまで一流のプロフェッショナルを研究対象にしたものです。

　中国輸入ビジネスにおいては、商品リサーチから販売までひととおりを実践し、稼げるようになるまでには、１万時間はかかりません。しかし悲観的に計画することが大切なので、まずは270時間を差し出す覚悟を持ちましょう。１日３時間を毎日取り組むことが

できれば、1 か月で 90 時間、3 か月で 270 時間です。1 日 1 時間でも、9 か月で 270 時間です。270 時間あればきっと停滞期を抜け出せることでしょう。

●何かを差し出して時間をつくる

　1 日 3 時間をあなたはどのようにしてつくり出しますか。本業の時間、家族との時間、食事の時間、テレビの時間、スマホをいじる時間、どの時間を短縮するのか。何かを得るには、まず何かを差し出さなければいけません。あなたには自分の時間の価値を理解して、本当に大切なことのために時間を使ってほしいのです。

　お酒をやめる方もいます。趣味を減らした方もいます。自転車はこぎ始めに一番力を使います。スピードが出れば、力を入れずにこいでも前へ進みます。中国輸入ビジネスが軌道に乗るまではちょっとした副業という意識ではなく、本気で取り組んでほしいのです。

　誰でも過去に一度くらいは何かに没頭した経験があるはずです。そのときと同じくらい没頭して取り組めば、あなたの目標はきっと達成できるでしょう。

　昨日より今日、明日というように 1 日 1 日の時間を大切に使って実践していくことで、あなたは自己最高の収入を手に入れることでしょう。まずは今の生活の中で時間をつくり出していきましょう。

# 4　仕入はギャンブルではない

● 「取らぬ狸の皮算用」は大いに行え

　中国輸入ビジネスは RPG ゲームのようなもので、攻略法さえ知っ

てしまえば誰もがクリアできます。シューティングゲームのように俊敏性は必要ありませんし、推理ゲームのように頭のよさも求められません。やればやるだけ経験値が増えて、確実にあなたの夢の実現に一歩ずつ近づいていきます。これほど堅実なビジネスを知ることができたのですから、稼げないという言い訳はもはや通用しません。稼ぎたいならば正しく行動するだけです。

　まずは商品リサーチをして、1つでもいいので利益の出る見込みのある商品を見つけてください。同じ商品を1年、2年と販売し続けることで、100個、200個と販売実績も増えていきます。

　例えば月20個売れる商品1つの利益が1,000円だとすると、長い目で見ると1商品を見つけただけでも1年間の利益が24万円、2年間で48万円といった皮算用ができます。

　このような取らぬ狸の皮算用は大いに行ってください。それにより商品リサーチのやる気が増して、次々と仕入れたい商品を増やしていくことができるでしょう。


**●一度稼げるようになれば、稼ぎ続けられる**

　中国輸入ビジネスは、仕入れて売るまで一通りの流れを経験するところまで至れば、あとは同じことを繰り返していくことで堅実に利益を生みだし続けることができます。

　何事も、未経験の状態からスタートする最初が一番大変です。自転車に乗れない子どもが何度も転びながら自転車に乗れるようになるように、初めて商品を仕入れて、検品して、Amazon に出品して、そして売上が立つ。

　自分が投じたお金が増えて手元へ返ってきたとき、あなたのビジネスの車輪は回りだしているのです。一度乗れるようになった自転車に乗れなくなることはないように、一度稼げるようになれば、繰

り返し稼ぎ続けることができます。

# 5　早寝早起き、商品リサーチは朝やれ

## ●頭を切り替える

　サラリーマンの副業として中国輸入ビジネスをはじめた私が成功できた大きな理由の 1 つが、本業を終えたら家にまっすぐ帰り、とにかく早く寝るようにしたことです。

　会社に勤めていると、どうしても社内の人間関係や仕事の内容などでストレスがたまります。そのような精神状態では副業で頑張る気になりにくかったり、だらけてしまったりして作業効率が悪くなってしまいます。

　パソコンの動きが鈍くなってきたら再起動をして動きをよくするように、仕事で疲れた頭を再起動するには、早く寝るのが一番です。むりやりにでも早く寝ると、翌日早く起きることができます。もし体が早寝に慣れない場合は、毎日 15 分ずつでも寝る時間を小刻みに早めていきます。

　寝る時間を 15 分早めたら、翌日の目覚まし時計を 15 分早くセットして、起きる時間も 15 分早めます。このようにすると、自分の体内時計を少しずつ騙しながら、無理なく生活リズムを徐々に変えていくことができます。

## ●朝日を浴びる

　朝、早く目覚めたらすぐにカーテンを開け、朝日を浴びます。着替えたら外を散歩して、体中の血流をよくしましょう。頭がスッキ

リするだけでなくお腹もすいて、朝ごはんもしっかり食べることができ、1日の良い生活リズムがつくられていきます。

　朝の時間帯に余裕を持つことで、1日のスタートを精神的にゆとりのある状態で迎えることができます。また、混んでいる時間帯をさけて通勤することで、満員電車などの混雑によるストレスや疲れも軽減させることができます。

　このように早寝早起きの生活リズムに切り替えて、仕事のストレスを減らし、体調をよくしていくことで副業に集中できるだけの心と体のコンディションを整えていきましょう。

　そして中国輸入ビジネスの要である商品リサーチは、朝の余裕のある静かな時間の中で行うようにします。寝起きのまっさらな頭の状態で様々な商品をリサーチしていくことで、雑念が入り込まずに効率よく商品リサーチを進めていくことができるはずです。

## 6　常に「売り手目線」で考える

### ●普段から「この商品はなぜ売れるのか」を考える

　中国輸入ビジネスは物販ビジネスですから、あらゆる他の物販ビジネスを参考にすることができます。例えば、近所のコンビニへ行くときにも、「売り手目線」で店内の商品を見てほしいのです。

　「季節ごとにどのような商品を売っているのか」

　「ロングセラー商品はなぜ売れ続けているのか」

　「見切り品として値下げされている商品はなぜ売れなかったのか」

　中国輸入ビジネスでは扱わない食品や飲料であっても、お客様を買いたいと思わせる工夫については共通しています。商品名や

キャッチコピーのつけ方についても、意識するだけで学ぶことができるわけです。

### ●普段のコミュニケーションから学べることもある

　中国輸入ビジネスはパソコン1台でできるので、家の中で引きこもっていても完結してしまいます。ですが、Amazonを通じた先には1人ひとりのお客様がいて、あなたの商品ページを見て買おうかどうかと迷っているわけです。

　「お客様が何を考えているのか？」を知ることは一朝一夕に得られることではありません。だからこそ、リサーチでは過去の売上データという確実なものを用いるわけです。ですが、普段の生活で様々な人とコミュニケーションを取る中で、目の前の相手についてのリサーチも行いましょう。

　「この人が欲しがっているものは何か」

　このように考えながらコミュニケーションをとることで、どんな人がどんなときにどんなものを欲しいと思っているのか、というマーケットセンスが養われていきます。

# 7　成功者のまわりには成功者が集まる

## ●副業は反対されてあたりまえ

　中国輸入ビジネスに限らず、副業や起業をしようとすると、家族や友人など身近な人が反対することがあります。

　あなたが中国輸入ビジネスの可能性を口にすればするほど、それを耳にした相手は無意識に「嫌だな」と感じます。なぜならあなたが全く別の人になっていってしまうように感じるからです。

　人は知らないものに対しては「恐怖」を感じます。中国輸入ビジネスについて知らなければ知らないほど恐怖を感じますし、それを実践してお金を稼いでいくかもしれないあなたに対しても恐怖を感じるのです。なぜかというと、もしあなたが中国輸入ビジネスで稼いで成功したら、何も行動していない自分自身の判断基準が間違っているということが証明されて、劣等感が生まれるからです。

　人間は自分の判断基準が常に正しいと思う傾向があります。

　仲のよい人や、身近な人ほど、あなたが稼ぐうえでの「反対勢力」になってしまう可能性が高いと認識しておきましょう。軌道に乗るまで、近しい人には伝えずに秘密にしておくのが無難です。

## ●目標とするような人に会いに行こう

　環境が人を成長させます。同じ目標を持った仲間や、自分が目標とする人と出会うことで成長していきます。

　不思議なことにビジネスを行っている人は、ビジネスを行っている人同士で自然と集まっていきます。そして年収が増すほどに、より年収が高い人とつながるようになっていきます。

　稼いでいる人たちと積極的につながっていくことで、新たな目標ができたりよい刺激を受けたりして、結果的に稼ぐための意識や更なるモチベーションができていきます。

　仕事の都合で参加できないなど、難しい場合もあるでしょう。しかし、時間は工夫次第でつくり出せます。例えば、有給休暇を取って会いに行くこともできます。

　創意工夫でまとまった時間をつくり出し、一歩ずつ自分を成長させていきましょう。

# 8　感謝して稼ごう

## ●ひとりで成り立っているわけではない。

　中国輸入ビジネスは、ひとりで実践できるビジネスですが、決して一人で成り立っているわけではありません。

　商品を製造してくれる中国の工場、輸入業務を代行してくれる輸入代行業者、国際間取引を認めてくれる税関、商品を運んでくれる運送業者、お客様を集客してくれる Amazon、そして商品を購入してくれるお客様があって成り立っている事業です。

　インターネットを通じて完結できるビジネスであるがゆえに、人への敬意の気持ちが希薄になりやすいことがあります。

　しかし、いつの時代もビジネスで末永く成功し続けるには、人と人との信頼関係が必要不可欠です。

　よりよい信頼関係を築くためには、1 つひとつの人間関係にきちんと向き合うことが重要です。常に小さな約束を守り、目の前の人との信頼関係を築き上げていきましょう。

## ●感謝の気持ちが、稼ぎ続ける秘訣である

　中国輸入ビジネスに限らず、どんなビジネスでも感謝の気持ちを持たない事業者は、いつの間にか消えていく人が多いです。お客様から感謝される自分ブランドを育てていくためには、まず自分自身がまわりへ感謝する気持ちを持つ人間になりましょう。

　よい商品をたくさん販売することでお客様から感謝が集まるように、あなた自身も感謝の気持ちを持ってビジネスに取り組むことで、自然とビジネスもよい方向へと進んでいくでしょう。

　私自身、中国輸入ビジネスを始めた頃に比べて、いま取引している中国の工場のほうが圧倒的に品質もよく、お手頃な価格で対応してもらっています。日頃から感謝の気持ちを持ってビジネスに取り組み、人と接することで、ビジネスでつき合う人々のレベルや質もきっと変わってきます。

　短期間に一気に稼ぐことだけを考えると、単に「稼ぎたい」という気持ちだけで走ることになりますが、ビジネスは短距離の100メートル走というよりは長距離走のマラソンです。

　お客様から感謝をされて、そして取引先に感謝をする。この見えない感謝のバトンを渡して繋いでいくことが、中国輸入ビジネスで成功し続けるために、最も大切なことだと私は考えます。

　感謝の気持ちを持って、末永く稼ぎ続けていきましょう。


# 9　世の中のためにも働く


## ●中国輸入ビジネスは世の中の商品を「適正価格」にする

　日本の大手企業は、中国で安く製造した商品を日本へ輸入して、

原価の20倍、30倍といった価格で販売しています。

　もちろん大手企業ですからそこには人件費などの多くのコストが含まれています。しかしアリババやAmazonの台頭により、一個人がたった1人で実践できるビジネスモデルに進化しました。

　人件費や広告費などのコストを最小限にする。大きなオフィス、大勢の社員、膨大な広告費も必要ありません。販売価格をその分下げてもしっかりと利益を得ることができます。

　一個人が大手企業に変わってその役割を担っていくのは時代の自然な流れです。あなたが中国輸入ビジネスを行うということは、一昔前は大企業しか実践できなかったビジネスモデルを大企業の代わりに行い、適正価格で商品を販売していくという役割を担っているというわけです。


**●未来の誰かを救うビジネスである**

　令和の時代は、企業に属するサラリーマンとして働く人が減少していき、個人として事業を行っていく人が増えていくと言われています。

　ランサーズが行った調査によると、2021年の日本のフリーランスは前年に比べて約600万人増の1670万人と推計されています。さらには1年間以内にフリーランスになった人数が500万人以上と、コロナショックによる増加傾向は今後さらに続きそうです。

　中国輸入ビジネスは、フリーランスとして取り組む場合にも適したビジネスです。中国輸入ビジネスは、早期に売上が立ちやすく、また続けるほど売り上げは伸びやすくなります。

　もちろん、ビジネスを始めて間もない初心者の方は、売上を立てて利益を出すことに必死だと思います。しかし利益が安定的に出せるようになってくると、社会的な意義や、誰かの役に立ちたいとい

うことを考えられるようになってきます。

　ただお金を稼ぐだけでなく、社会や誰かのためになることを感じられるのが中国輸入ビジネスの魅力の１つであると、私は自信を持って言えます。中国輸入ビジネスで成功した先には、自分だけでなく、多くの人との幸せが待っています。

# 10　素直に行動するものだけが成功できる

## ●仕入れなければ始まらない

　野球やサッカーやゴルフなどのメジャースポーツで、プロとして稼ぐ選手たちのほとんどは、幼い頃からスポーツをはじめ、10年、20年と長い年月を費やすことで、プロ選手としてお金を稼ぐまでに成長しています。

　彼らのほとんどは、恋愛や遊びなどに時間を割かず、体調管理のためにお酒や甘いものなど、ジャンクフードなども食べずに、すべてを競技人生に注いでいます。

　例えば１日12時間費やすと、１年で4,380時間、10歳から始めて20歳でプロデビューするとしたら、10年間で43,800時間と４万時間以上を投資しています。もちろんプロデビューしてからも更なる努力と時間の投資が必要となります。プロになったからといって、その道で食べていける保証はありません。とても厳しい世界です。

　そのようなストイックな姿勢で努力を続けるプロスポーツ選手を見ていると、中国輸入ビジネスで成功するのはなんと簡単なことなのだろうか、とつくづく感じるのです。しかも中国輸入ビジネスは、

稼げる商品さえ見つけてしまえば、あとはほとんどの作業を他の業者に任せることができてしまうのです。


● **自己流は、事故流。素直に実践する者が成功する**

　中国輸入ビジネスを選んだ時点で、素直に正しく継続して実践すれば、確実に成功へと近づいていきます。才能や学歴はいりませんし、高い身体能力や筋肉トレーニングも不要です。ただし、稼げるのは実際に行動へと移した人のみです。

　毎日毎日、1 日も欠かすことなく練習を続けるプロスポーツ選手ほどの行動量は求めません。ただ本書でお伝えしたとおりに素直に実践して、うまくいかなければその原因を探り、わからないことがあれば人に聞いて改善していけばよいのです。

　私も中国輸入ビジネスがここまで稼げるとは、行動するまで気が付きませんでした。停滞期を抜けて上昇期に入ったときに、ここまで稼ぎやすいのかと驚愕したのです。

　そんな私も失敗するたびに Amazon や中国の工場へ問い合わせながら、どんな改善をすれば売上を伸ばしていけるのか試行錯誤してきました。その結果、得られたのが本書でお伝えしている自分ブランド商品を育てていく考え方です。

　私だけでなく、コロナ渦で初心者から中国輸入ビジネスを実践し始めた多くの方が成功しています。あなたも一歩を踏み出すことで、多くの先輩たちの後に続くことができます。

　あとはやるかやらないかを決断して、スタートを切るだけです。まずは勇気を出して、一歩を踏み出しましょう。

　その一歩からあなたの新しい未来が切り開かれていくことでしょう。

# 中国輸入ビジネス　実践者の声

## ●想定通りの売れ行きに成功を確信し、月商113万円を達成

　「将来、自分のブランドを立ち上げたい！」と思っていた私は、2020年の8月に根宜さんの著書に出会い、夢が叶うと思いすぐに取り掛かりました。世界中で新型コロナウイルスが流行しており、漠然とした不安もありましたが、中国からはすぐに商品が届きました。最初に仕入れたのは、女性用のブラウスです。本当に売れるかドキドキしましたが、結果はほぼ想定通りの売れ行きで、これはすごいビジネスだと確信しました。その後、売上は32万円、87万円、113万円と右肩あがりに伸びていきました。これからも自分のブランドを育てていき、お客様から感謝されるビジネスをしていこうと思います。

（大阪府・自営業・30代男性）

## ●農作業の合間に始めて9か月で月商250万円を突破

　手に職をつけようと農業法人で働き始めたもののコロナ禍で先行きが見えず、将来に対してとても不安だったときに根宜さんの著書に出会いました。本を読んで、不安な気持ちのままでいても仕方がないと思い、1日2時間ほど取り組むことから始めました。初めて売った商品の壁紙は販売開始直後から売れ始め、1か月もせずにすべて完売しました。これには正直、驚きました。初めて商品を売ってから9か月後には、月商250万円を突破しました。1か月の粗利益はおよそ80万円です。本の内容を信じて愚直にやり続けることが一番の成功への近道だと思いました。これから更に確固たる収入の柱を立てていきたいと思っています。

（京都府・農業法人勤務・20代男性）

## ●毎月30万円の安定収入が手に入り、安心して会社を退職

　本業のサラリーマンの仕事にやりがいを得られず、無駄に年齢を重ねている現実に焦りを感じていたときに、中国輸入ビジネスを知りました。まったくのド素人の状態から独学でスタートしたのが2019年の秋のことでした。独学では思うようにいかず、売り上げが月10万円程度で伸び悩んでいるときに根宜さんの著書に出会いました。この人は本物だと感じ、指導を仰いで1年後には月商111万2160円を達成しました。お金と時間に余裕ができたことで、妻や子供と過ごす時間も多くなり、家族旅行が増えました。会社を辞めて独立することになったのですが、妻も応援してくれています。根宜さんの元で学ぶ仲間と切磋琢磨して、次のステージを目指したいと思っています。

（東京都・携帯ショップ店員・30代男性）


## ●初めてのオリジナル商品が売上80万円を突破

　根宜さんの著書と出会い、中国輸入ビジネスに興味を持ったものの、育児を言い訳に何もしないままでいました。そんなときに根宜さんが背中を押してくれたのがきっかけで、実践する日々が始まりました。2人の子どもの育児をしながらで不安でしたが、何とか時間をつくり出し、4か月後には1つ目のオリジナル商品の販売をスタートできました。この商品は1週間後にAmazon choiceに選ばれ、1ヶ月間で100個近く売れて売上は80万円を超えました！　2つ目に販売した商品も毎日売れており、すでに売上は50万円を超えています。今では主人もビジネスや育児を積極的に手伝ってくれるようになり、夫婦の会話や笑顔も増えました。今後はもっと商品数を増やして、売上を伸ばしていこうと思います。

（愛知県・主婦・30代女性）

## 改訂版あとがき

　新型コロナウイルス感染症が世界中で蔓延し、世界経済は大混乱することになりました。多くの企業が大打撃を受け、倒産へと追い込まれたことから「コロナ倒産」という言葉まで生まれました。

「描いていたはずの未来が、なにも見えなくなってしまった……」

「これからどうやって生きていけばいいのか……」

　未来に向けて大人が抱く希望や、子どもが思い描く夢までもが奪われてしまっているこの現状に、私なりの答えを届けたい。そう思い、拙著『自分ブランドで稼ぎなさい　中国輸入ビジネスの教科書』の改訂版をこのたび出版させていただく運びとなりました。

　本書を手に取った読者の方が、中国輸入ビジネスを通じて自分の未来を描くことで、子どもも大人も夢と希望を持って生きられる世の中へと変わっていくことを心から祈っています。

　しかしながら、新型コロナウイルスに限らず、これからの世の中はかつてない未曾有の時代になることは避けられないでしょう。政治や経済の混乱、異常気象による自然災害、そして紛争や戦争、これら大きな問題が世界規模で起こることでしょう。

　そんな動乱の世の中で国や企業に依存していては、自分の大切な人やものを守ることはできません。これからの時代を生き抜くためには、自分自身で安定した収入源を増やすことが重要です。

　中国輸入ビジネスは、物販という紀元前から続くビジネスモデルの1つです。正しい方法で継続的に取り組むことで、あなたは未来永劫、稼ぎ続ける力を付けることができるとも言えます。

　この改訂版は、単にAmazonの仕様変更に対応した修正を行ったわけではありません。変化が激しい時代ですから、細かい小手先のテクニックはすぐに使えなくなります。

改訂版を通じて一番お伝えしたかったことは、表面的な浅い知識ではなく、ビジネスにおける本質は、コロナ禍においても変わらないということです。

「現状維持では、退化する一方である」

ウォルト・ディズニーは、1955年に世界初のディズニーランドがアメリカのカリフォルニアにオープンした際に、そうつぶやいたと言われています。時代は常に変化し続けます。今後ますます大きくなっていく変化の大波に飲み込まれないためには、常に行動して自らをアップデートすることが重要です。

行動し続ける者にのみ新しい発見や最新の情報が集まり、良質な人脈や仲間とも繋がれます。そのような最高の環境の中であなたは成長し、希望に満ちた未来を切り開くことができるでしょう。本書を通じて、ぜひ明日を変えるための一歩を踏み出してください。

最後になりましたが、この場を借りて感謝を伝えたいと思います。私を産み育ててくれた両親、家族、そして友人たちのおかげで、今の私があります。また、初版の書籍をお読みいただいた読者の皆様のおかげで、この改訂版を出版することができました。3年間で130件の高い評価のカスタマーレビューをいただき、おかげさまで、この原稿を書いている今なお売れ続けています。

セルバ出版の森社長には改訂版を出版するすばらしい機会をいただきまして心から感謝いたします。そして今、この本を読んでいただいているあなたに。本書を最後まで読んでいただき、本当にありがとうございます。

共に自分ブランドを立ち上げ、正しい方法で中国輸入ビジネスを実践していきましょう。いつかあなたとお会いできる日を楽しみにしています。

2021年10月吉日　根宜正貴

# 本書の理解がさらに深まる
# 読者特典プレゼント

本書の著者、根宜正貴本人による講義動画や特典PDFをプレゼントいたします。本書の中では書ききれなかったノウハウや具体例をお伝えすることで、あなたの実践をサポートし、成功へと導きます。

## LINE をご登録の方に、下記特典を無料プレゼント！

### ❶ 発注計算シート

在庫を切らさず小資本でも効率よく稼げる「24日法」での適正仕入れが一瞬でできます。

### ❷ 仕入の裏ワザ

クレジットカードを用いた合法的な資金繰りや季節別の仕入の注意点などをまとめました。

### ❸ アリババ登録マニュアル

画像付きで分かりやすいアリババ登録マニュアルを作成しました。未登録の方は入手してください。

### ❹ 広州・卸市場MAP &最新情報

アフターコロナの卸市場の情報や、盛況具合がわかる画像など中国現地の最新情報をお届けします。

### ❺ Amazon 広告設定

スポンサープロダクト広告のマニュアル設定について解説した中級者以上は必見の情報です。

### ❻ 中国出張の必需品

持ち物リストを上から順にチェックをすれば準備がはかどり、余計な出費も防げます。

## プレゼントの入手方法はこちら

**step1** LINE アプリを開き、@negi9 で「ID検索」もしくは以下の「QRコード」で友だち追加をしてください。リンク切れの場合は P.176 の QR コードをお試しください。

 @negi9

**step2** つながりましたら LINE で「読者プレゼントください」とメッセージを記入して送信してください。

※本キャンペーンは予告なく終了する場合がございます。あらかじめご了承ください。

著者略歴

# 根宜　正貴（ねぎ　まさたか）

年商 1 億円の中国輸入ビジネスオーナー。
元は月収 14 万円のダメサラリーマンだった。東日本大震災を機にビジネ
スを学び、2012 年、パソコン 1 台で仕事のあとの空き時間（1 日 1 ～ 3
時間）のみで中国輸入ビジネスを開始。1 年目から自分ブランドでの販売
を始め、年商 1 億円を達成。確実に売れるブランドを生み出すための法則
を体系化し、売れるブランドのリサーチツール「あまログ」を自社開発。
コンサルティングを通じて延べ 1,000 名以上の指導実績がある。プライ
ベートでは小学生の娘を持つシングルファザーとして、育児とビジネスを
両立する日々を楽しんでいる。

・根宜正貴　公式 LINE アカウント（QR コード）

改訂版　自分ブランドで稼ぎなさいー Amazon 中国輸入の教科書

2018 年 7 月 20 日初版発行　　2021 年 4 月 9 日第 10 刷発行
2021 年 11 月 22 日改訂版初版発行

著　者　根宜　正貴 ⓒMasataka Negi
発行人　森　　忠順
発行所　株式会社 セルバ出版
　　　　〒 113-0034
　　　　東京都文京区湯島 1 丁目 12 番 6 号 高関ビル 5 B
　　　　☎ 03（5812）1178　FAX 03（5812）1188
　　　　https://seluba.co.jp/

発　売　株式会社 三省堂書店／創英社
　　　　〒 101-0051
　　　　東京都千代田区神田神保町 1 丁目 1 番地
　　　　☎ 03（3291）2295　　FAX 03（3292）7687

印刷・製本　株式会社 丸井工文社

Printed in JAPAN
ISBN978-4-86367-713-5